OBERÖSTERREICH

HANDWERK | DESIGN | KUNST | TRADITION

Hufschmiedemuseum, Engelhartszell

besteshandwerk

NINA NEUHOLD
PETRA SCHMIDT | MARCUS KAAR

OBERÖSTERREICH

HANDWERK | DESIGN | KUNST | TRADITION

UMSCHAU

Stift Engelzell, Engelhartszell

Inhalt

INHALT

INHALT

OBERÖSTERREICH

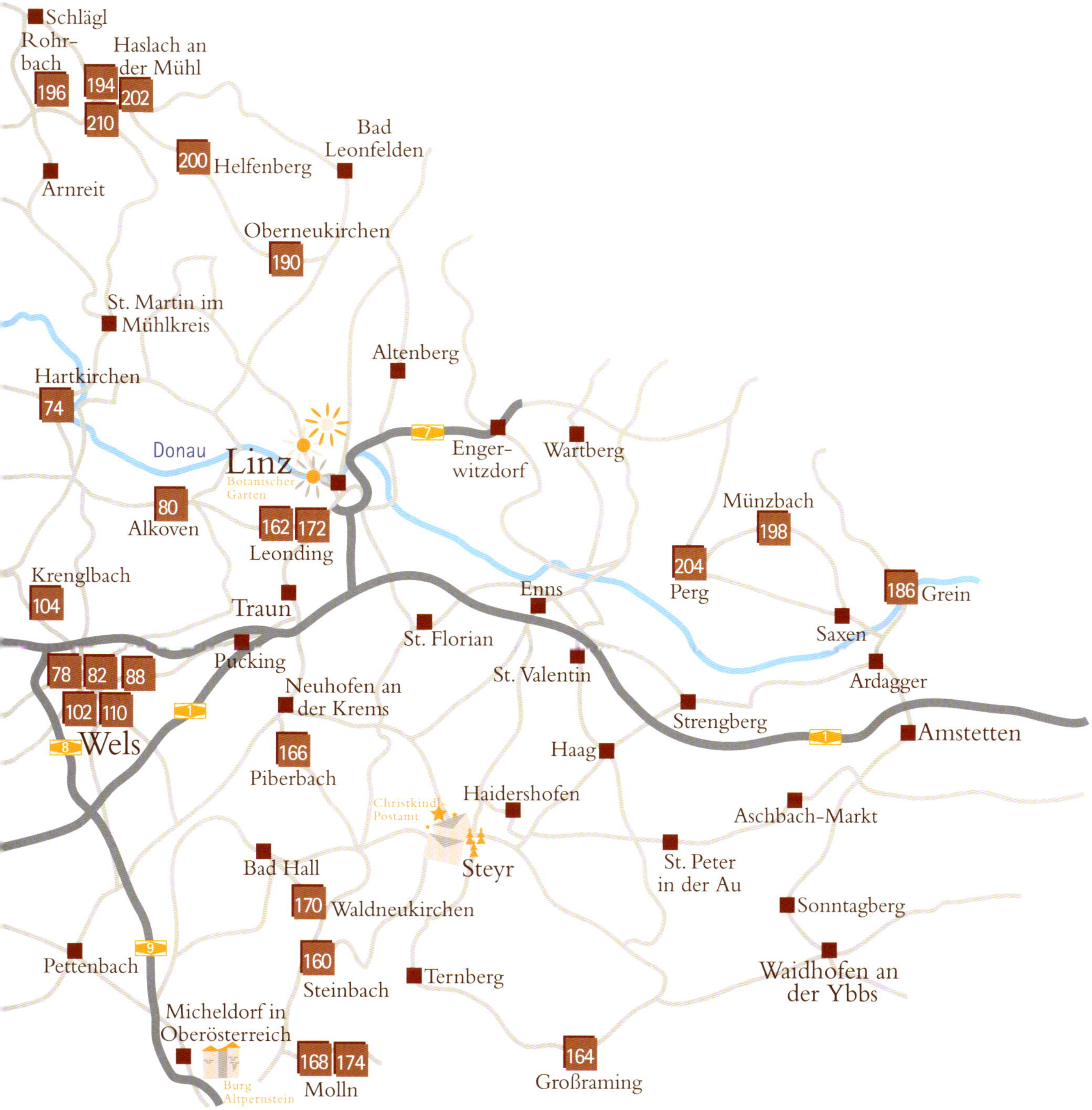

Die Zahlen 78 sind identisch mit den Seitenzahlen der einzelnen Betriebe in diesem Buch und bezeichnen ihre ungefähre Lage in dem Gebiet.

Bad Ischl

Vorwort

■ „In einem fernen, fernen Land, jenseits von Ob der Enns …“. Mit dieser Phrase, die sich aus dem historischen Namen Oberösterreichs – Land ob der Enns – entwickelt hat, beginnt noch heute jedes ungarische Märchen. Die alten ungarischen Legenden berichten manchmal sogar vom „operenciai tenger“, dem „oberennsischen Meer“, womit wohl nur die kristallklaren Seen im oberösterreichischen Salzkammergut gemeint sein können. Wodurch diese tiefe Verbundenheit der Ungarn zum heutigen Oberösterreich geprägt wurde, ist nicht belegt, aber fest steht, dass der märchenhafte Zauber, der diese Region auch gegenwärtig noch umfängt, schon vor vielen hundert Jahren bestanden haben muss.

In den oberösterreichischen Vierteln, dem Innviertel, dem Hausruckviertel, dem Traunviertel und dem Mühlviertel, werden noch heute das tief verwurzelte Brauchtum und von Generation zu Generation überlieferte Traditionen gepflegt. Im Lebensstil der Oberösterreicher, ihrer oft zitierten Lebenslust und nicht zuletzt in den Meisterstücken der vielen regionalen Handwerksbetriebe spiegelt sich dieses gelebte Brauchtum wider. Davon überzeugt man sich am besten persönlich auf einer Entdeckungsreise ins Land, in dem das Christkind wohnt, wo zwischen Laptop und Lederhosen, Hightech und Landwirtschaft Meisterstücke in kaiserlichen Manufakturen ebenso entstehen wie in modernen Designstudios.

Viel Spaß beim Kennenlernen der außergewöhnlichen Handwerker und Künstler, die in den historischen Vierteln Oberösterreichs ihre schöpferischen Kräfte bündeln und das traditionsreiche österreichische Bundesland zu einer wahren Schatzkiste machen, gefüllt mit Kreativität und Lebenslust, wünscht Ihnen

Nina Neuhold

Innviertel – Oberösterreichische Lebenslust in bajuwarischer Tradition

Im von der Natur geformten Rahmen der drei Flüsse Salzach, Inn und Donau und dem größten zusammenhängenden Waldgebiet Mitteleuropas, dem Kobernaußer Wald und dem Hausruckwald, erstreckt sich der jüngste Landesteil Oberösterreichs, das Innviertel. Erst nach dem Wiener Kongress zu Beginn des 19. Jahrhunderts wurde das Innviertel mit seinen drei Bezirken Braunau, Ried und Schärding offiziell Österreich zugesprochen, davor war das Gebiet ein Teil von Bayern.

Einige Merkmale ihrer bayerischen Vergangenheit sind der pittoresken Hügellandschaft im Nordwesten von Oberösterreich erhalten geblieben. Da wäre zuerst die Innviertler Sprache, deren mundartliche Besonderheiten linguistisch bewanderte Ohren sofort an das urige, sympathische „Boarische" erinnern. Architektonisch geschulte Augen wiederum erkennen die bayerische Tradition vermutlich an den bunt bemalten Häuserfassaden im sogenannten Inn-Salzach-Stil. Handwerker unterschiedlichster Branchen, vom Metallgestalter bis hin zum Malermeister, tragen dafür Sorge, dass die Städte und Ortschaften des Innviertels auch heute noch in ihrem historischen Glanz erstrahlen. So sorgen zum Beispiel herausragende Fassadengestalter dafür, dass die mit hellen Farben verputzten Gebäude der für die Region typischen schluchtenartigen Häuserzeilen freundliche Marktstimmung verbreiten.

Besonders in Schärding am Inn zeugen die barocken Bürgerhäuser der Silberzeile vom Können der ansässigen Handwerker und Restauratoren. Entzückenden Laubengängen, zauberhaften alten Toren und prächtigen Häuserfronten verdankt die Stadt zu Recht das Attribut „Die barocke Perle am Inn". Auf Schritt und Tritt atmet

der Besucher im Gewirr der historischen Gassen, Plätze, Promenaden und Parks Geschichte. Trotzdem wirkt Schärding immer lebendig, niemals altbacken oder verstaubt. Seit Mai 2010 kann die barocke Perle sogar mit einem „Relaxweg" aufwarten. Dieser führt quer durch die Stadt von entspannenden Ruhestationen bis hin zu kulturellen Höhepunkten. Zu seinen Highlights zählen eine fünf Meter hohe Hollywoodschaukel, Wohlfühlzonen mit Schwebeliegen, Strandkörben und Hängematten sowie mit Lebensweisheiten bedruckte Parkbänke mit Blick auf interessante Kunstobjekte.
Ja, das Innviertel und die Kultur sind schon seit jeher ein gutes Gespann. Die Bildhauerfamilie Schwanthaler, der Grafiker Alfred Kubin und der Literat Richard Billinger sind nur einige Beispiele der vielen weltberühmten Kunstschaffenden und Kreativen, die der unverwechselbaren Atmosphäre der Region mit ihren fröhlichen Bewohnern verfallen waren.
Die vielbeschriebene Lebenslust der Innviertler offenbart sich dem Besucher der Landschaft zwischen den drei Flüssen und dem Kobernaußer Wald auf mannigfaltige Art und Weise: in der ursprünglichen, lebendigen Volkskultur, die sich beim „Gstanzlsingen" und etlichen anderen gepflegten Brauchtümern zeigt, genauso wie in der Vorliebe der Innviertler für ihr traditionelles Trachtengewand und nicht zuletzt für gutes, deftiges Essen und Trinken. Das Innviertel ist ein fruchtbares Land und es ist kein Zufall, dass es auch als „Kornkammer Österreichs" bezeichnet wird. Hauptsächlich wird auf den weiten, goldenen Feldern Weizen angebaut, aber auch Mais, Zuckerrüben, Raps und mittlerweile sogar Soja zählen zu den in der

Region geernteten Getreidesorten. Kein Wunder also, dass genau hier eine Vielzahl innovativer Bäckermeister ihrem Handwerk nachgehen – sitzen sie doch direkt an der Quelle ihrer Rohstoffe. Mit den Schätzen ihrer Erde wissen die Innviertler genügend anzufangen und verarbeiten diese mit Leidenschaft weiter zu kulinarischen Köstlichkeiten. An vorderster Stelle steht dabei die Getreideverarbeitung und was läge noch näher als daraus Mehl herzustellen? Ja genau: Bier! Nirgendwo in Österreich ist die Dichte an Brauereien so groß wie im Innviertel. Da ist es auch nicht verwunderlich, dass im Dialekt der Einheimischen sogar der Ausdruck „unterhopft“ existiert, der scherzhaft ein „Bierdefizit im Körper“ beschreibt. Die einzelnen Brauhäuser im Innviertel sind zwar vergleichsweise klein, dafür weit über die Region hinaus bekannt. Tatsächlich pflegt man hier eine sehr traditionelle Bierkultur. Viele Brauereien gehen Hand in Hand mit geschichtsträchtigen Wirtshäusern, in denen eine bajuwarische Atmosphäre herrscht, geprägt von Innviertler Gaudi und Lebenslust.

Langsam beginnt man sich zu fragen, ob eben diese Lebenslust der Einheimischen tatsächlich nur auf ihr Bier zurückzuführen ist. Dann setzt man sich in einen urigen Gastgarten mit Blick auf die sagenhafte Naturlandschaft, nippt an seinem Glas Bier, lässt sich auf charmante Art einen Teller Innviertler Knödl servieren … und zieht ein Lächeln auf.

tadtpfarrkirche, Schärding

Eine Augenweide ...

Der Putz ist bereits geglättet und gestrichen. Mit erfahrenen Handbewegungen beginnt Christian Fink mit einem Schwamm die Oberfläche zu bearbeiten: „Mittels Schwämmen und Tüchern lassen sich lebhafte, naturähnliche Strukturen erzeugen." Das junge dynamische Team von Fink² hat sich ganz der kreativen Gestaltung mit Farben verschrieben. Mit innovativen Mal- und Dekortechniken entlocken sie ursprünglich faden Flächen und Wänden ein unverwechselbares Charisma. Da kann es schon mal passieren, dass die Malermeister einen sterilen weißen Raum betreten und diesen als Ort, der an einen römischen Tempel erinnert, wieder verlassen. „Auf dem Gebiet der Dekorationsmalerei sind wir Experten", bestätigt der Gründer des Unternehmens, Christian Fink.

Mit professionellen Wisch- oder Spachteltechniken oder gar marmorierten Säulen setzen die Handwerker Akzente in den Wohnräumen ihrer Kunden. Das Angebot reicht von der klassischen Kunst- bis hin zur faszinierenden Illusionsmalerei. Selbstverständlich umfasst die kreative Leistungspalette aber auch Grundmalereien wie Fassadengestaltung oder Bodenversiegelung.
„Wir haben uns auf die zwei bedeutendsten Sinne des Menschen spezialisiert – Sehen und Hören", fasst Christian Fink prägnant zusammen. Hören? Stimmt, denn mit professionellen Akustiksystemen verleiht das Team rund um Christian Fink den gestalteten Räumlichkeiten nicht nur optisches, sondern auch auditives Charisma.

Akustik und Malerei Fink²
Christian Fink

Ottendorf 27
A-5233 Pischelsdorf

Telefon 00 43 (0) 6 64 / 9 10 45 24
Telefax 00 43 (0) 6 62 / 2 34 66 13 86
www.fink2.com

... und ein Ohrenschmaus

Neben der kunstvollen optischen Gestaltung von Räumlichkeiten widmet sich Christian Fink mit seinem Team ebenso deren akustischer Aufmachung. Die baulichen Gegebenheiten eines Raumes wirken sich unterschiedlich auf die in ihm stattfindenden Schallereignisse aus. In Konzertsälen oder Kirchen ist es beispielsweise von Interesse die Klangwirkung zu steigern, in Wohnräumen oder Büros hingegen ist meist eine gute Schalldämmung gefragt. „Mit unserem Programm können wir für jeden Raum die passende Akustik schaffen", erzählt Fink. Ob nun versteckt oder klassisch, elegant oder modern, ob in Büros oder Kirchen, Wohnräumen oder Industriehallen – Christian Fink arbeitet mit unterschiedlichen Systemen wie speziellen Akustikputz-Arten, textiler Schalldämmung oder teils preisgekrönten Akustikmodulen wie Sediphone oder Baswa. Letzteres dient unter anderem der Steuerung der Nachhallzeit. Bemerkenswerterweise legt der Oberösterreicher dabei nicht nur Wert auf Funktionalität und Optik, sondern auch auf die Umweltverträglichkeit seiner Systeme. „Der Akustikputz F2 ist zum Beispiel eine Beschichtung aus elastischen Fasern mit Leimen, die als Hochleistungsabsorber funktioniert, natürlich auf biologischer Basis", beschreibt Fink eines der Produkte aus seinem Programm. „In offen gestalteten Räumen mit Betondecken, Glasfassaden oder Steinfußböden arbeite ich gerne mit textilen Akustikmodulen für Wand und Decke", fährt er fort. Mit individuellen Motiven bedruckt verwandeln sich diese auch zum gestalterischen Blickfang.

Kraxenberger Bäckertradition

Im Herbst, zur Erntezeit, befindet sich Wolfgang Wiesner in seinem Obstgarten. Nicht etwa, um sich vom anstrengenden Bäcker- und Konditoralltag zu regenerieren, sondern um die besten Zwetschken und Birnen für das legendäre Kraxenberger Kletzenbrot zu pflücken, das Wolfgang Wiesner heute noch nach einem Geheimrezept seines Urgroßvaters zubereitet. „In den nächsten Tagen wird das Obst von mir gedörrt, geschnitten und mariniert. Dann erst stelle ich damit den Kletzenbrotteig her", beschreibt der jugendliche Bäcker den Entstehungsprozess seiner Hausspezialität. Die Handwerkstradition wurde dem Bäcker- und Konditormeister sozusagen in die Wiege gelegt. „Schon als Kind habe ich gerne auf den Mehlsäcken geturnt und durfte mich auch an einfachem Gebäck wie Brezen oder Mohnflesserl versuchen", erinnert sich Wolfgang Wiesner. Damals wie heute steht in der Bäckerei in Kraxenberg, die sich schon mehr als 100 Jahre im Besitz der Familie Wiesner befindet, das Persönliche im Vordergrund. „In einem kleinen Dorf wie Kraxenberg, kennt man die einzelnen Vorlieben seiner Kunden. Wenn einer sein Brot gern dunkler ausgebacken mag, lassen wir es eben ein bisschen länger im Ofen", unterstreicht der Innviertler die Vorteile einer „Bäckerei um's Eck". Abgesehen von Wiesners Tortenkreationen, die er selbst als „teilweise funky" beschreibt, hat sich auch im Sortiment wenig seit den Anfängen der Bäckerei geändert: „Ein Sauerteigbrot ist nach wie vor ein Sauerteigbrot. Die Zutaten sind seit hunderten Jahren dieselben." Auch auf fertige Backmischungen und tiefgefrorene Teiglinge verzichtet Wolfgang Wiesner bewusst. „Lieber habe ich eine kleinere Auswahl, aber dafür was G'scheites", bringt er seine Unternehmensphilosophie auf den Punkt.

Bäckerei-Cafe Wiesner
Wolfgang Wiesner

Kraxenberg 22
A-4932 Kirchheim

Telefon 00 43 (0) 77 55 / 65 09

Die mobile Biobäckerei

Bäckerei Stranzinger
Rudolf Stranzinger

Dr.-Weinlechner-Platz 43
A-4950 Altheim

Telefon 00 43 (0) 77 23 / 4 23 97
Telefax 00 43 (0) 77 23 / 4 23 97-4

„Ein bisschen Roggen, ein bisschen Wasser, dann muss er ruhen. Durch die Temperatur kann ich den Säuregrad verändern und die Hefebildung beeinflussen." In Rudolf Stranzingers Worten klingt die Sauerteig-Herstellung einfach, obwohl das Sauerteigzüchten in der Praxis beinahe schon eine Wissenschaft ist. „Wir verwenden unseren Natursauerteig als Basis für alle Produkte. Er eignet sich für reines Roggenbrot genauso wie für Vollkornbrot", führt der Bäckermeister weiter aus.
Als zertifizierter Bio-Bäcker verarbeitet Rudolf Stranzinger ausschließlich biologische Rohstoffe und legt dabei großen Wert auf Regionalität. „Zum Glück sitzen wir hier im Innviertel in der Kornkammer Österreichs", lacht der Altheimer Bäcker. Selbstverständlich bezieht er sein Getreide von Bauern und Mühlen aus der Region. Um wirklich sicher zu gehen, dass in seinem Brot auch tatsächlich drin ist, was er verspricht, werden bei Stranzinger keine fertigen Schrote verwendet. „Die Körndl kommen vom Bauern, aber gemahlen wird hier im Haus!"
Das Thema Regionalität steht bei Rudolf Stranzinger übrigens nicht nur im Einkauf, sondern auch im Verkauf im Vordergrund. Aus Überzeugung beschreitet der Bäcker den Weg zurück zum Dienstleistungsbetrieb: „Im ländlichen Gebiet sterben leider die Nahversorger aus. Damit auch die nicht mobile Bevölkerungsschicht nicht auf frisches Brot und Gebäck verzichten muss, fahren wir täglich unterschiedliche Zustellrouten rund um Altheim und Braunau."

Bäcker
Meister
Brekkies

Biertradition mit Stil

Das alte Sprichwort „Ein jeder kocht mit Wasser“ trifft im „Braugasthof Vitzthum“ nur bedingt zu, denn Seniorchefin Edeltraud Vitzthum verwendet für die Zubereitung ihrer kulinarischen Köstlichkeiten mit Vorliebe das hauseigene Bier. Kein Wunder, sitzt sie doch direkt an der Quelle eines Biers von edelster Brauart – dem Uttendorfer.
Seit 1906 werden die Brauerei und der dazugehörende Braugasthof aus dem 17. Jahrhundert mit viel Hingabe von der Familie Vitzthum geführt. Freilich wurde das Unternehmen über die Jahre hinweg ständig modernisiert, aber sein historischer Geist ist erhalten geblieben. Noch heute strahlt die Gaststube mit dem gemütlichen Kachelofen, der rustikalen Einrichtung und den vielen Bildern an den Wänden ein uriges Flair aus, das an jahrhundertealte Traditionen anknüpft.
Tradition und Kontinuität sind die Eckpfeiler der Philosophie des Familienunternehmens. „Wir wollen Gutes bewahren“, erklärt Matthias Vitzthum, „der Region und der Natur sind wir stark verbunden.“ Ein Grundsatz, der sich schon in der Auswahl der für den Brauvorgang benötigten Rohstoffe widerspiegelt: Der Hopfen stammt aus dem Mühlviertel, das Malz bezieht die Familie aus umliegenden Mälzereien, wo es genau auf ihre Anforderungen zugeschnitten wird, und das Wasser stammt aus dem Hausbrunnen. Die geringe Größe der Privatbrauerei bringt den Vorteil mit sich, dass die besten Rohstoffe selektiert werden können, aus denen mit großer Liebe zum Detail insgesamt zehn verschiedene Sorten Uttendorfer Bier entstehen. Die bekannteste davon ist wahrscheinlich das Uttendorf Pils, aber die Sortenvielfalt reicht vom Märzen bis zum hellen oder dunklen Weißbier. Ganz besonders sticht unter den Uttendorfer Bieren das „100“ hervor, eine exklusive Bierspezialität, die als das bitterste Bier der Welt gilt.

Braugasthof Vitzthum
Privatbrauerei Vitzthum

Uttendorf 25
A-5261 Uttendorf

Telefon 00 43 (0) 77 24 / 25 08
www.uttendorf-bier.com
www.einhundert.be

Der Eventbäcker mit dem Lifestyle-Faktor

Bäckerei Schiller
Peter Schiller

Linzerstraße 24
A-5280 Braunau am Inn

Telefon 00 43 (0) 77 22 / 6 31 77
Telefax 00 43 (0) 77 22 / 6 31 77
www.baeckerei-schiller.at

Auf den ersten Blick wirkt Peter Schiller wie ein cooler Szene-Gastronom. Ganz falsch ist dieser Eindruck nicht, denn der lässige Bäcker- und Konditormeister, der seit 1997 die über 165-jährige Bäckertradition seiner Familie fortführt, schafft immer wieder den Spagat zwischen traditioneller Handwerkskultur und modernem Lifestyle. Davon zeugen die vielen Events, die Peter Schiller im Laufe des Jahres rund um seine Filialen auf die Beine stellt. „Ich nehme in meinen Bäckereien und Cafés eigentlich eine Wirtsfunktion ein", schmunzelt der Bäckermeister. Kaum zu glauben, dass dem Innviertler daneben noch Zeit für das eigentliche Handwerk bleibt, aber auch dieses betreibt er mit großer Leidenschaft.

Ob es sich um neue Produkte oder Geschäftsideen handelt, was anderen nicht in den Sinn kommt, fällt Peter Schiller ein, vom täglichen All-you-can-eat-Frühstücksbuffet über den Coffee-to-go bis hin zur Einführung von Bio-Gebäck. Zu letzterem gehört auch das spezielle Angebot für Menschen mit Diabetes, Zöliakie oder Laktose-Intoleranz. „Wir achten sehr auf eine gesundheitsbewusste Auswahl", erklärt Schiller und wirft den Begriff „Functional Food" in den Raum. Dazu gehören zum Beispiel die probiotischen Kult-Weckerl, die mit Omega-3-Fettsäuren die gesunden Vorgänge im Körper unterstützen. „Unsere Kundschaft müsste eigentlich gertenschlank wie Topmodels sein, wenn da nicht die Mehlspeisen wären", lacht der junge Bäcker. Und tatsächlich, bei der Mehlspeisenauswahl in seinen Vitrinen, von der Sacher- über die Fruchttorte, von der Schlagschnitte bis hin zur Schokobanane, ist der Fastenvorsatz schnell vergessen.

GRUNDFOS
ALPHA2
AUTO

Installationen mit Handschlagqualität

Es ist kurz vor Feierabend, als ein Kunde in die Verkaufsräumlichkeiten des Installateurbetriebs Dipplinger stürmt. In seiner Hand wackelt er mit einem für Laien undefinierbaren Ersatzteil: „Weißt du, wo man so etwas noch bekommen könnte?". „Ja, bei mir", schmunzelt Michael Kraus und ist kurz darauf mit dem passenden Armaturen-Oberteil zur Stelle. Das richtige Ersatzteil für jeden sanitären Notfall parat zu haben, ist aber nur ein kleiner Aspekt des beruflichen Alltags des gelernten Installateurs und Heizungsbauers. Seit Mitte der 1960er-Jahre ist das Unternehmen, das von Michael Kraus' Vater Ferdinand Dipplinger gegründet wurde, im Innviertel ein Begriff. „Auch das Installateurhandwerk geht mit der Zeit, der Beruf ist heute sehr umfangreich", erzählt Michael Kraus. Tatsächlich reicht das Angebot der Firma Dipplinger von der Planung sanitärer Wohlfühloasen und deren fachgerechter Installation über den Vertrieb modernster Heizungstechnik bis hin zum traditionellen Brunnenbau. „Da in unserer Region beinahe jedes Haus einen eigenen Brunnen besitzt, gehört zu unseren wichtigsten Aufgaben die Wartung und der Austausch von Pumpenanlagen", berichtet der Altheimer. Eine Aufgabe, die für den erfahrenen Installateur selbst nach vielen Jahren Berufserfahrung durchaus spannende Momente mit sich bringt: „Die Brunnen hier sind bis zu 100 Meter tief mit einem Durchmesser von circa einem Meter." Mit der Rohrzange bewaffnet wird auch der Chef persönlich hin und wieder abgeseilt, um weit unter der Erde defekte Pumpen zu demontieren und gegen neue auszutauschen. „Da muss man flexibel sein", lacht der Innviertler. Das gilt auch für seine Arbeitszeiten, denn Michael Kraus ist bekannt für seinen schnellen und zuverlässigen Notfallservice. „Wenn am Sonntagabend ein Rohrbruch im Kuhstall passiert, fahre ich aus, das ist ja klar."

Dipplinger Ges. m. b. H.
Michael Kraus

Schulgasse 22
A-4950 Altheim

Telefon 00 43 (0) 77 23 / 4 24 48

Mit Schirm und Charme

E. doppler & Co. GmbH

Schloßstraße 24
A-5280 Braunau-Ranshofen

Telefon 00 43 (0) 77 22 / 6 32 05-0
www.dopplerschirme.com

In der Produktion der Schirmmanufaktur Doppler geht es geschäftig zu. Fachkräfte unterschiedlichster Berufsrichtungen erzeugen hier Hand in Hand, in vielen filigranen Arbeitsschritten, die wahrscheinlich populärsten Qualitätsschirme Europas. In meterhohen Regalen warten farbenprächtige Ballen exklusiver Stoffe aus Vorarlberg und Italien darauf, schlussendlich zum Schirmbezug veredelt zu werden. Mit der Hand schneiden tüchtige Mitarbeiterinnen aus ihnen Dreiecke, die später Stück für Stück aneinandergenäht werden. Währenddessen widmen sich an anderer Stelle erfahrene Tischler der Bearbeitung edler Schirmstöcke. Die Spezialität der Schirmmanufaktur sind unzerbrechliche Kastanienstöcke aus Spanien oder Kroatien. In Millimeterarbeit, die größtes handwerkliches Geschick erfordert, setzen die Facharbeiter in die Hölzer die Mechanik ein. Durch ihre Hände gingen schon viele außergewöhnliche Schirmkreationen, auch jene, deren Griff mit Klavierlack überzogen und mit 160 Swarovski-Kristallen besetzt ist.

„Wir sind in Europa die einzigen, die noch einen Schirm von A bis Z bauen", erzählt Hermann Würflingsdobler, der das Traditionsunternehmen gemeinsam mit seiner Frau in der nunmehr dritten Generation führt, nach wie vor unterstützt von Herrn Würflingsdobler senior. Ursprünglich wurden ausschließlich Regenschirme erzeugt. Um einen saisonalen Ausgleich zu schaffen, wurden in den 1960er-Jahren auch Gartenschirme mit ins Programm genommen. Später kam die Produktion von Kissen und Sitzauflagen hinzu. Den großen Erfolg führt das charmante Unternehmerpaar auf ihre Mitarbeiter zurück. Beim Flanieren durch die Manufaktur spürt man den Zusammenhalt in der Doppler Unternehmensfamilie tatsächlich und so ist die Freude am neuen Schirm gleich noch einmal so groß – wissend, dass er mit einem Lächeln produziert wurde.

doppler

Alles aus einer Hand

Die prächtigen Häuserfassaden der Städte und Märkte des Innviertels sind weit über Oberösterreich hinaus berühmt. Doch ebenso für sie gilt: Um im Alter schön und gesund zu bleiben, bedarf es Pflege. Ein neuer Anstrich alleine reicht manchmal nicht aus, oft müssen die geschichtsträchtigen Fassaden der Altbauten auch neu gedämmt werden. Für Thomas Rossdorfer lag es somit nahe, sich mit seinem 2002 gegründeten Unternehmen vor allem auf die komplette Sanierung von Häusern zu spezialisieren: „Meine Mitarbeiter und ich können von der Neugestaltung der Fassade über die Wärmedämmung bis hin zu den Malerarbeiten jeden Bereich aus einer Hand abdecken." Die Innviertler schätzen es, dass Thomas Rossdorfer, der schon in seiner Lehrzeit als Maurer ein besonders Gefühl für Fassadengestaltung zeigte, Wert auf gute alte Handarbeit und Qualität legt. Dazu gehört auch, dass die Mitarbeiter des Malermeisterbetriebs die Fassaden mit der Hand verputzen. „Der Vorteil vom Handputz liegt in seiner langen Haltbarkeit", erklärt Rossdorfer. Wenn Thomas Rossdorfer über seine Aufträge spricht, merkt man ihm die Leidenschaft für sein Handwerk an: „Am schönsten daran ist die tägliche Abwechslung. Einmal beschäftige ich mich mit Klinkermauerwerk, ein anderes Mal saniere ich einen Weinkeller oder baue einen Rundbogen." Besonders hebt Thomas Rossdorfer hervor, dass dem Handwerksunternehmen kein Auftrag zu groß oder zu klein ist. So gehören Stemm- und Ausbesserungsarbeiten genauso zum Programm seines Handwerkbetriebs wie die Komplettrenovierung eines Hauses.

Fassaden Rossdorfer
Thomas Rossdorfer

Aichbergsiedlung 20
A-4775 Taufkirchen/Pram

Telefon 00 43 (0) 6 64 / 3 53 31 40
Telefax 00 43 (0) 77 19 / 85 31-4
www.rossdorfer.at

Silberzeile, Schärding

Drogerie
AIGNER
CITY JUWELIER
seven

Canon
EOS 5D

Bewegt und bewegend – Menschen im Bild

Vietnam, Kambodscha, Niger, ein schnuckliges wildüberwuchertes Hexenhaus in Braunau ... nach bewegten Zeiten ist Gudrun Schiesser im Jahr 2003 letztendlich im Innviertel angekommen, um von Renate Hoerner ihr geschichtsträchtiges Fotostudio zu übernehmen. Bereits vor über einem Jahrhundert war die heutige Wirkungsstätte der vielgereisten Fotografin als „Fotografische Anstalt" in Braunau ein Begriff. Faszinierende Porträts und spannende Aufnahmen rund um das Thema „Mensch" erzählen in Gudrun Schiessers heimeligem Studio ohne Worte Geschichten. Kein einziges Bild wirkt gestellt, kein Modell erstarrt, alles scheint fließend, in Bewegung – so wie die fröhliche Fotografin selbst.

„Das Wichtigste ist mir Natürlichkeit. Jeder Mensch ist individuell und ich versuche, das Besondere, Einzigartige meiner Modelle herauszufinden und in einmaligen Momentaufnahmen festzuhalten", beschreibt sie ihre Philosophie und fügt noch hinzu: „Das digitale Zeitalter unterstützt mich in dieser Hinsicht sehr. Dank der Spontanität beim Fotografieren lassen sich außergewöhnliche Momente leichter einfangen und auch die fotografierten Personen sind weniger eingeschränkt." So entstehen im wahrsten Sinne des Wortes bewegende Bilder, seien es Porträts, Hochzeitserinnerungen, Babyaufnahmen oder erotische Kunstwerke – Hauptsache der Mensch steht im Mittelpunkt.

Fotostudio Renate
Gudrun Schiesser

Lerchenfeldgasse 10
A-5280 Braunau

Telefon 00 43 (0) 77 22 / 6 31 71
www.fotostudio-renate.com

Trachtig – Trendig – Meisterlich

Trachten- und Lederschneiderei Hohensinn
August Hohensinn

Pramet 31
A-4925 Pramet

Telefon 00 43 (0) 77 54 / 82 54
Telefax 00 43 (0) 77 54 / 82 54-4
www.hohensinn.com

Auf den Kleiderstangen reihen sich farbenprächtige Trachtenjanker, am Computer wird an einem neuen trendigen Design gefeilt, daneben schneiden Mitarbeiter sorgfältig Schnittmuster aus ausgesuchten Stoffen. „Bei der Wahl der Materialien legen wir Wert auf Natürlichkeit. Loden und Leinen, feinste Seidenstoffe, edle Kammgarne und natürlich hochqualitatives Leder", erklärt August Hohensinn, der die 1929 gegründete Schneiderei gemeinsam mit seiner Frau Monika in dritter Generation führt. Das Ehepaar hat sich auf die Anfertigung von Vereinstrachten, Uniformen und Lederhosen spezialisiert und beliefert Vereine in ganz Österreich und im benachbarten Ausland.
Wer beim Wort „Trachtenschneider" an eine rustikale Nähwerkstatt denkt, wird bei Hohensinn sofort eines Besseren belehrt, denn hier befindet man sich in der derzeit modernsten Maßschneiderei Österreichs. „Uns liegt viel an den Traditionen unserer Heimat, die sich in den von uns gefertigten Stücken wiederfinden, aber ebenso wichtig wie die Tradition ist für uns der Trend. Bewährtes und Beständiges steht bei uns seit jeher im Einklang mit Fortschritt und Innovation", fasst der Schneidermeister seine Philosophie zusammen. Das gute Gespür der Hohensinns für Vereinsuniformen und -trachten liegt wahrscheinlich am musikalischen Hintergrund der Familie: Als Blechbläser weiß August Hohensinn genau, „welche Stückerln ein ideales Musikerg'wand spielen muss".
Besonders stolz sind August und Monika Hohensinn auf ihre handgemachten Lederhosen, die auf Wunsch auch mit aufwendigen Handstickereien versehen werden. Ob es sich nun aber um die Vereinsuniform oder die Lederne handelt, jedes Modell wird nach Maß gefertigt. So entsteht einzigartige Kleidung als Ausdruck individuellen Lebensgefühls.

Funktionelles Küchen- und Wohndesign

In der Manufaktur der Familie Kieslinger herrscht reger Betrieb. Etwa 50 Tischler sind hier täglich mit der Erzeugung von individuellen Massivholz- und Furniermöbeln beschäftigt. „In erster Linie fertigen wir unsere Auftragsstücke aus Holz. Ihre Kombination mit anderen natürlichen Materialien wie Stein, Leder oder Glas sorgt für ein modernes aber auch gemütliches Wohngefühl", weiß Philip Kieslinger.
Als der junge Tischlermeister 2005 die Geschäftsführung der elterlichen Wohnmanufaktur übernahm, brachte er mit seinem Diplom der „Ortwein Meisterschule für Tischlerei und Raumgestaltung" in Graz die idealen Voraussetzungen mit. So verwundert es auch nicht, dass er sich leidenschaftlich dem Thema „Wohndesign" widmet: „Mit der Weiterentwicklung des Menschen haben sich auch die Wohnbedürfnisse verändert. Heute steht die Individualität im Vordergrund. Jeder Mensch hat einzigartige Wohnbedürfnisse, die es in die Ausstattung zu integrieren gilt. Erst dann fühlt man sich zu Hause wohl."
So werden in der „Wohnmanufaktur Kieslinger" alle Möbel für den Wohnbereich ausschließlich auf Bestellung erzeugt. Bei einem ersten Besuch im firmeneigenen Wohnstudio, das regelmäßig den neuesten Trends angepasst wird, lassen sich spannende Einrichtungsideen sammeln. Die Innenarchitekten des Unternehmens eruieren die spezifischen Wünsche der Kunden, fungieren als beratende Instanz und planen den perfekt auf den Auftraggeber zugeschnittenen Wohnbereich. Besonders im Küchensektor ist das Unternehmen als Exklusivhändler der Edelmarke SieMatic gefragt. „Wir übernehmen die Küchen in den meisten Fällen aber nicht aus dem Katalog. Oft werden sie in unserer Manufaktur noch ergänzt, um sie individuell für unsere Kunden zu gestalten", wirft Philip Kieslinger ein.

Kieslinger GmbH
Wohnmanufaktur seit 1977

Grubstraße 6
A-4771 Sigharting

Telefon 00 43 (0) 77 66 / 31 87
Telefax 00 43 (0) 77 66 / 31 87-15
www.kieslinger.at

Ideen-Schmiede

Kunstschmiede Etzl
Johannes Etzl

Einburg 11
A-4760 Raab

Telefon 00 43 (0) 77 62 / 35 58

„Die Herausforderung in der Schmiedekunst ist, dass sich Metall in keine bestimmte Form zwingen lässt, das Metall muss fließen. Die Kunst daran ist, den richtigen Fluss zu erkennen." Beinahe philosophisch beschreibt Johannes Etzl sein Handwerk. Hammer, Amboss, Kohlefeuer – der Innviertler betreibt noch eine echte Schmiedewerkstatt, in der geformt werden kann und geformt wird, so wie es seine Ideen gerade erfordern. Letztere gehen dem jungen Kunstschmied garantiert nicht aus, aber auf ein bestimmtes Programm möchte er sich nicht festlegen: „Ich befinde mich gerade in der Sturm-und-Drang-Zeit und experimentiere in alle Richtungen", lacht er. Dabei entstehen durchaus auch schräge Werkstücke, vom Geländer bis zur Lampe, vom Brunnen bis zum Tor. Jeder einzelnen Schmiede-Idee geht eine Bleistift-Handskizze voraus, die Johannes Etzls Kunden meist auf Anhieb überzeugt. Kein Wunder, denn schon im Gespräch wird das gute Einfühlungsvermögen des Kunstschmieds spürbar. „Die Charaktere meiner Auftraggeber lasse ich gerne in die Gestaltung einfließen." Dadurch kennzeichnet sich der Stil seiner Werkstücke: einmal klassisch-solide, dann wieder peppig-verspielt, aber immer natürlich – lebensbejahend. Vielleicht wurzelt die Kreativität des Kunstschmiedemeisters ja in der Ruhe seiner Arbeitsumgebung, denn seine Werkstatt könnte idyllischer nicht gelegen sein, nämlich am familieneigenen Schafhof. Und während auf der einen Seite die Funken rund um das glühende Eisen sprühen, grasen nur ein wenig weiter entfernt glückliche Schafe und Lämmer.

Alte Techniken neu entdeckt

„Meine Mitarbeiter und ich haben es uns zur Aufgabe gemacht, durch den passenden Einsatz von Farben in Wohnräumen das Wohlbefinden unserer Kunden zu steigern“, erklärt Karl-Heinz Blindeneder. Durch gezieltes Einsetzen von Farben und Techniken schafft das Team des Malerbetriebs schnell und zeitlich flexibel ein völlig neues Wohnklima. Spezielle Techniken wie die Stein-, Motiv- oder Illusionsmalerei zählen dabei zu Blindeneders liebsten Herausforderungen. Ein besonderes Gespür hat das kreative Malerteam für die Gestaltung traumhafter Wellnessbereiche entwickelt. Gerne greifen sie dabei auf ungewöhnliche Techniken wie zum Beispiel den Tadelakt, einen antiken marokkanischen Kalkputz, zurück. „Tadelakt wurde meist für Hamams und orientalische Paläste verwendet“, weiß der Malermeister zu berichten. Bei der Verarbeitung wird der Putz mit der Kelle aufgetragen, geglättet

und anschließend mit Achat oder Keramik verdichtet. Dann wird er solange poliert bis eine Oberfläche entsteht, die hart wie Stein ist und sich zugleich samtweich anfühlt. „Ein großer Vorteil für Nassräume ist, dass Tadelakt fugenlos ist, wodurch keine Schimmelbildung entstehen kann“, fügt Blindeneder hinzu. Diesen Punkt berücksichtigt der Malerbetrieb auch bei der Sanierung von denkmalgeschützten Gebäuden: „Bei der Arbeit in Kirchen oder alten Herrenhäusern verwenden wir besondere mineralische Farben, um die historischen Putze zu erhalten.“
Übrigens begleitet das Unternehmen seine Auftraggeber auch Schritt für Schritt zur neuen Fassade. In diesem Bereich geht Karl-Heinz Blindeneder gerne neue Wege: „Als besonderen Service bieten wir unseren Kunden kostenlos ein Foto der fertigen Fassade – noch vor Arbeitsbeginn.“ Computertechnik macht es möglich.

Malerei Blindeneder
Karl-Heinz Blindeneder

Claudistraße 4c
A-4910 Ried im Innkreis

Telefon 00 43 (0) 77 52 / 7 19 14-20
Telefax 00 43 (0) 77 52 / 7 19 14-12
www.malerei-blindeneder.at

Geschmiedete Eleganz

Metall Kunst Handwerk Forster
Simon Forster

Talstraße 47
A-5280 Braunau

Telefon 00 43 (0) 77 22 / 6 83 66
www.metall-kunst.at

Kraftvoll lässt Simon Forster den Hammer auf das glühende Metallstück hinunter fahren. Funken sprühen. Trotz seiner Jugend sieht man ihm die Erfahrung im Schmiedehandwerk an. Kein Wunder, denn schon als kleiner Bub hat ihn die Arbeit mit dem Feuer gereizt. Lachend erzählt er die Anekdote, als er als Neunjähriger bei den österreichischen Schmiedemeisterschaften den dritten Platz belegte, während sein Vater, ein mehrfacher Staatspreisträger im Bereich Gestaltung und Handwerk, im selben Bewerb nur Siebter wurde. Von ihm hat Simon Forster im Juli 2009 den Schlosser- und Schmiedebetrieb übernommen. Was die Unternehmensphilosophie betrifft, geht der jugendliche Schlossermeister ganz mit seinem Vater und Lehrmeister konform: „Mir ist es wichtig, das Handwerk mit alten, bewährten Techniken zu betreiben, denn allgemein gibt es die Tendenz zur industriellen Fertigung und computergesteuerten Maschinen. Dabei geht die Authentizität verloren!". Simon Forster will gut gestaltete und echte Handwerksarbeit leisten. Zugekaufte Fertigteile, die nur mehr zusammengeschweißt werden müssen, gibt es bei ihm nicht.

„Am liebsten widme ich mich Projekten, die mich kreativ herausfordern", erzählt Simon Forster, während er einige seiner Kunstwerke präsentiert. Ihnen gemeinsam ist die persönliche Handschrift des einfallsreichen Handwerkers – ästhetische Gestaltung und ehrliche Handwerksarbeit. Seine Metallplastiken, ob zierlich und zart oder aber mächtig und wuchtig, strahlen Eleganz aus. Dabei sind die vielfältigen Gestaltungsmöglichkeiten beeindruckend. Oft sind es Themen aus dem Pflanzen- und Tierreich, die sein Vater Franz und er in ihre Arbeiten einfließen lassen. Ihre Geländer und Zier-

gitter bestechen mit filigranen Verzierungen aus Blättern oder Blumenranken. Durch die Verwendung unterschiedlicher Materialen, von Eisen über Edelstahl, Aluminium, Kupfer, Messing und Bronze, aber auch Glas, Stein, Beton, Kunststoffe, Papier, Textilien, Holz, Leder und Erden schaffen die beiden Schlossermeister prächtige Farbenspiele in ihren Werken. Der Ideenreichtum der beiden Metallkünstler hat sich bereits herumgesprochen und so werden bei ihnen neben Geländern und Toren auch gerne Geschenke für besondere Anlässe, Plastiken für Gärten, Grabmäler oder Brunnen in Auftrag gegeben. Fast scheint es, als wären den Einsatzmöglichkeiten ihrer handwerklichen und gestalterischen Fähigkeiten keine Grenzen gesetzt. Einen ersten Überblick über diese gestattet die Galerie „Brot und Wein", direkt bei der Schmiede. Dort haben Simon und Franz Forster eine Reihe an Kunstschmiedearbeiten ausgestellt. Unter ihnen finden sich ausgefallene Möbelstücke wie der sogenannte „Jammertisch", Plastiken und Kerzenleuchter in allen Größen, geschmiedete Wandbilder, unterschiedlichste Dekorationsobjekte und vieles mehr. Nach Voranmeldung ist hier jeder Besucher willkommen, der sich für die elegante Ausführung traditioneller Schmiedekunst interessiert. In unregelmäßigen Zeitabständen werden auch große Ausstellungen veranstaltet.

Maßgeschneidert im wahrsten Sinne des Wortes

Modeatelier Linöcker
Josef Linöcker

Mitterweg 18
A-5230 Mattighofen

Telefon 00 43 (0) 77 42 / 22 96
www.linoecker.at

Im Eck des kleinen Modeateliers, das in den Regalen unzählige Stoffmuster birgt, steht eine Schneiderpuppe mit dem aktuellen Entwurf eines Herrensakkos. Schneidermeister Linöcker kommentiert den überraschten Blick, ob der geringen Größe seiner Arbeitsstätte, mit einem Schmunzeln: „Die Mähr vom Schneider auf dem Tisch ist ein Klischee, genäht wird auf dem Schoß.“ Dreiviertel seiner Arbeitsschritte erledigt Josef Linöcker mit der Hand.
Als einer der letzten seiner Branche versorgt der Herrenschneider vorwiegend Geschäftsmänner aus ganz Österreich und Deutschland mit individuellen Maßanzügen, die direkt auf die Bedürfnisse ihrer Träger zugeschnitten sind. „Viele Geschäftsleute führen ihr ganzes Büro im Anzug mit. Vor allem die Taschen der Jacke müssen darauf ausgerichtet sein.“
Bevor es zum Maßnehmen und der Stoffauswahl kommt, wird jedes einzelne Detail mit dem Kunden besprochen. „Das nennt sich bespoke tailoring“, erklärt Josef Linöcker und erzählt weiter: „Oft ist es heute schwer, zu den edlen Stoffen das passende Zubehör, wie zum Beispiel Einlagen aus Kamelhaar oder Büffelhorn- und Steinnussknöpfe zu finden.“ Seine Quellen für diese hochwertigen Materialien stöbert er in ganz Europa auf.
Nach den ersten Näharbeiten gibt es einen Probetermin, meist beim Kunden zu Hause. Um die letzten Feinjustierungen vorzunehmen, bedarf es einer weiteren Anprobe. So ist es verständlich, dass die Fertigung eines Maßanzugs einige Wochen Zeit in Anspruch nimmt. Dafür räumt Josef Linöcker seinen hochqualitativen Kleidungsstücken eine Lebensdauer von bis zu 15 Jahren ein.
Zum Abschluss gibt der sympathische Schneider noch zu bedenken: „Achten Sie darauf, was heutzutage alles als maßgeschneidert bezeichnet wird, von Versicherungen bis hin zu Finanzdienstleistungen. Darum sage ich gerne: Bei mir wird maßgeschneidert – im wahrsten Sinne des Wortes.“

Gestaltung im Metallhandwerk

Auf Thomas Furtners Arbeitstisch steht ein Stiftehalter mit einem Zitat von Coco Chanel: „Lebenskunst ist die Kunst des richtigen Weglassens". „Den halte ich mir immer vor Augen, weil er meine Handwerksphilosophie widerspiegelt", schmunzelt der kreative Gestalter, „auch ich konzentriere mich in meinen Designstücken gerne auf das Wesentliche."

Im Rahmen seines Werkstudiums zum „Gestalter im Handwerk" in München perfektionierte Thomas Furtner die unterschiedlichsten Verarbeitungstechniken rund um das variantenreiche Schmiedehandwerk. „Es ist wichtig, die alten Techniken zu beherrschen, um mit ihrer Hilfe eine neue Formensprache kreieren zu können", ist der kreative Handwerker überzeugt, „aber auch moderne Verfahren wie zum Beispiel das Laserschneiden setze ich ein." Letztere bieten dem Oberösterreicher immer wieder neue Möglichkeiten der Verarbeitung, vor allem bei seinem beruflichen Steckenpferd, dem Treppenbau. „Treppen sind ein äußerst faszinierender Bestandteil in der Architektur. Immer wieder stellen sie mich vor eine gestalterische Herausforderung", schwärmt Thomas Furtner, dem es auf bemerkenswerte Weise gelingt, Aufgänge optisch attraktiv in Räume zu integrieren. Stets tüftelt der Gestalter im Handwerk an neuen Ideen, die seine Treppen wohnlich und gemütlich wirken lassen. Dabei greift er gerne zu gewagten Materialkombinationen und scheut nicht davor zurück, einen Geländerhandlauf mit Leder zu überziehen.

Aber auch abseits des Treppenbaus findet Thomas Furtner fortwährend spannende Designmöglichkeiten aus Metall – für den gesamten Wohnbereich und darüber hinaus.

MTF – Metallwerkstätte
Thomas Furtner

Aham 15
A-4962 Mining

Telefon 00 43 (0) 77 23 / 2 10 97
Telefax 00 43 (0) 77 23 / 2 13 60
www.metall-furtner.at

Die Heimat von Aphrodite und Gloria Dei

Rosenschule Hauer
Alois Hauer

Marktstraße 143
A-4760 Raab

Telefon 00 43 (0) 77 62 / 22 26

Noch liegt eine wärmende Schneedecke über den Feldern der „Rosenschule Hauer“, aber in nur wenigen Monaten wird sich hier ein farbenprächtiges Blütenmeer entfalten. Bis es soweit ist, gibt es für Alois Hauer freilich genug zu tun. „Im Frühjahr werden wir wieder an die 85 000 Rosen setzen“, erzählt der Gärtner, der sich neben der Rosenzucht auch auf die Heckenpflanzen Hainbuchen und Liguster spezialisiert hat.

Mit seinen Folienhäusern und Feldern auf insgesamt knapp 26 Hektar Fläche gilt das Raaber Familienunternehmen als eine der größten Rosenschulen Österreichs. Davon zeugt auch das umfassende Angebot, das von Edelrosen über Beet-, Strauch-, Kletter-, Bodendecker- und Zwergrosen bis hin zu Hochstammrosen reicht. Regelmäßig nimmt Alois Hauer neue Sorten in sein Sortiment auf, vor allem solche, die sich durch hohe Krankheitsresistenz auszeichnen. So befindet man sich in der Rosenschule inmitten glamouröser Sortennamen wie Gloria Dei, The Queen Elisabeth, Aphrodite, Maria Theresia oder Leonardo Da Vinci in prominenter blumiger Gesellschaft. Damit sich die Setzlinge zu prächtigen Rosenstöcken entwickeln, müssen sie aber erst einzeln per Hand okuliert, also veredelt, werden. „Dabei machen wir am Wurzelhals der Rose mit dem Okuliermesser einen Schnitt, in dem ein sogenanntes Rosenauge eingesetzt wird“, erklärt Alois Hauer. Im Zeitraum von Mai bis Juni werden die Rosen mehrmals pinziert, wobei die ausgetriebenen Triebe zurückgeschnitten werden, damit die Stöcke buschiger wachsen. Ob sich die harte Arbeit lohnt? „Ganz sicher, denn jedes Jahr aufs Neue ist es eine Freude, die erfolgreiche, schillernde Blütenpracht, die von Gelb über das klassische Rot bis hin zum Veilchenblau reicht, auf den Feldern zu bewundern“, lächelt Alois Hauer.

Niemals steht das Mühlrad still

Die jahrhundertealten Wasserräder der „Witzmann Mühle" wurden schon vor langer Zeit durch eine Voitturbine ersetzt und auch die Vorstellung vom staubigen Arbeiter, der einen schweren Jutesack zum Mühlstein trägt, ist alles andere als zeitgemäß. Der Beruf des Müllers hat sich der modernen, industrialisierten Welt angepasst. „Zu meinen Hauptaufgaben zählt das Qualitätsmanagement", erklärt Mühlenbesitzer Anton Witzmann, „als Müller bin ich heute am ehesten ein Lebensmitteltechnologe." „Niemals stillstehen, immer in Bewegung bleiben", lautet das Motto der Familie Witzmann. Diese gelebte Innovationskraft spiegelt sich in ihren Produkten wider: Bereits in den 1990er-Jahren hat sich das Unternehmen auf die Verarbeitung und Veredelung von Sojabohnen spezialisiert und sich damit besonders im BIO-Bereich einen Namen gemacht. Das in Aspach hergestellte, garantiert gentechnikfreie Sojamehl findet vor allem in der Backmittelindustrie Verwendung. „Unser Mehl ist zum Beispiel in Wafferln und Schokolade zu finden", erzählt Anton Witzmann. Verführerischer Popcorn-Geruch durchströmt die Luft. „Nein, Popcorn stellen wir nicht her", lacht der Mühlenbesitzer, „der Geruch kommt von unserer hauseigenen Röstanlage." Dann zieht es ihn aber auch schon wieder an seinen Arbeitsplatz, das Mühlenlabor, wo es gilt, neben den Produkten für die Lebensmittelindustrie auch die erzeugten Futtermittel auf ihre Qualität zu überprüfen. „Wir schreiben Qualität groß" ist schließlich der Leitspruch der „Witzmann Mühle".

Witzmann Mühle GmbH
Anton Witzmann

Dötting 6
A-5252 Aspach

Telefon 00 43 (0) 77 55 / 73 52
Telefax 00 43 (0) 77 55 / 73 52-4
www.witzmann-muehle.com

Sauwald - Saugutes zwischen Laptop und Lederhos'n

Wie der Sauwald zu seinem Namen gekommen ist, kann heute nicht mehr mit Sicherheit nachvollzogen werden. Da gibt es die Einen, die behaupten, die Gegend habe aufgrund ihrer Lage früher Passauer Wald geheißen, andere wiederum sehen im Namen einen Hinweis auf den einstigen reichen Wildschweinbestand der reizvollen Waldlandschaft. Sicher ist jedoch, dass der „Sauzipf", wie die Region im lokalen Sprachgebrauch genannt wird, zu den ursprünglichsten und unverdorbensten Landstrichen Österreichs zählt. Auch wenn selbst in diesem malerischen bewaldeten Plateau am Ufer der Donau die Zeit nicht stillsteht, hat hier die Erhaltung der Lebensqualität in einer landschaftlich intakten Umgebung oberste Priorität. Zu diesem Zweck haben sich dort vor einigen Jahren zwölf Gemeinden, namentlich Waldkirchen, Engelhartszell, St. Aegidi, Kopfing, Diersbach, Münzkirchen, Schadenberg, Wernstein, Fremberg, Esternberg, Fichtenstein und St. Roman zum Regionalverband Sauwald zusammengeschlossen. Auf sympathische Weise gelingt es ihnen immer wieder aufs Neue, Tradition und Fortschritt miteinander zu verbinden. Sozusagen befindet man sich im Sauwald also zwischen Laptop und Lederhos'n.

Tatsächlich will der Regionalverband auf seinem Weg zur allseits bekannten Naherholungsregion hoch hinaus. Im wahrsten Sinne des Wortes nämlich, wovon unter anderem der im Juni 2005 eröffnete Baumkronenweg in Kopfing zeugt. Der Leitgedanke dahinter war, Menschen, die nicht aus der Landwirtschaft stammen, auf interessante und spannende Art etwas über den Wald, seine tierischen und pflanzlichen Bewohner sowie die einzelnen Baumarten zu erzählen – ihn mit allen fünf Sinnen erlebbar

machen. 26 miteinander verbundene Plattformen bieten ganz nebenbei einen herrlichen Ausblick ins Innviertel, das benachbarte Bayern und das Salzkammergut. Für die Errichtung der bis zu 20 Meter hohen Stege brauchte es mehr als 25 Kilometer Rundhölzer sowie zehn Tonnen Schrauben und Muttern, die die Konstruktion zusammenhalten. Bombenfest und kindersicher also. Neben einem weitreichenden Reit- und Wanderwegenetz, historischen Kulturschätzen wie dem Stift Engelszell und der traumhaften Panoramastraße kann der Sauwald mit einer weiteren beeindruckenden Attraktion aufwarten: dem weltberühmten Forellenzirkus in Engelhartszell. Dabei bekommt der Begriff „Forelle Müllerin" eine ganz neue Bedeutung, denn nachdem zahme, jedoch wildlebende Forellen unter Anleitung ihres Dompteurs fantastische Kunststücke vorgeführt haben, wie zum Beispiel Reifensprünge oder ihr Kopfballspiel, lädt die Müllerin zur Besichtigung der historischen Erledt-Mühle. Ein Spektakel, das nicht nur Kinder begeistert. Genauso wie das alle zwei Jahre stattfindende große Erdäpfelfest der Region. Wie der Name schon verrät, steht dabei die Kartoffel im absoluten Mittelpunkt, aber nicht nur auf der Speisekarte. Schlussendlich lockt, wenn man schon mal in der Gegend ist, ein Besuch der beiden großen Kulturstädte am Rande des Sauwaldes – Passau und Schärding. Aber egal aus welcher Richtung man kommt, egal in welche Richtung man reist – ein Abstecher ist immer gut, um nicht zu sagen „saugut".

AO-0001
EU Reg. Nr.
SAUWALD
Erdäpfel
Ausgezeichnet mit dem
OÖ. Umweltschutzpreis und
als Erdäpfel Genuss Region
RED LADY
KL 1
VORWI. FESTKOCHEND
Herkunftsland: Österreich
Abfüllgewicht: 25 kg
9120010371134

Geschmack der Natur

Es hat schon seinen Grund, dass der Sauwald mit dem Attribut „Genussregion" ausgezeichnet wurde. Die unberührte Natur bietet mit ihren Urgesteinsverwitterungsböden eine optimale Grundlage für den Kartoffelanbau. „Unser Boden enthält sehr viel Kali, das mitunter für den vollen Geschmack unserer Erdäpfel verantwortlich ist", erklärt Eduard Paminger, der Sprecher der „Sauwalderdäpfel KG". Zwölf landwirtschaftliche Betriebe haben sich im Sauwald zusammengeschlossen, um nach strengen Qualitätsvorgaben wohlschmeckende Kartoffeln zu produzieren, die mittlerweile bereits Delikatess-Status erreicht haben. Dabei scheuen die innovativen Landwirte nicht davor zurück neue Wege zu gehen: „In unserer Lagerhalle haben wir ein in Europa einzigartiges, natürliches Lüftungssystem installiert. Dadurch können wir auf Keimbehandlungen vollkommen verzichten", berichtet Paminger. Verzichtet wird im Sauwald auch auf chemische Unkrautbehandlung. Diese erfolgt dort mechanisch mit dem Striegel. Ansonsten setzt man auf den Feldern auf moderne Technologie: Stündlich werden Temperatur und Luftfeuchtigkeit gemessen, um den idealen Erntezeitpunkt zu eruieren. Meistens liegt er in den ersten Tagen im August. Nach der Trocknung im Lager werden die Erdäpfel sortiert und an Gemüsehändler in Oberösterreich und der naheliegenden Grenzregion geliefert.

Zu den Kunden zählen mittlerweile Haubenlokale in ganz Österreich, die neben dem vollmundigen Geschmack auch die Sortenvielfalt der Sauwalderdäpfel zu schätzen wissen. Letztere umfasst klingende Namen wie „Princess" oder „Evita". „Die einzige Erdäpfelsorte, nach der ein Musical benannt ist", lacht Paminger. Kipferlförmig präsentiert sich die „Linzer Delikatess" und nicht nur namentlich, sondern auch geschmacklich göttlich die Sorte „Freya". Aus ihr wird übrigens das neueste Sauwald-Produkt hergestellt: Der Sauwaldwodka. Da schmeckt man die Natur richtig heraus.

Sauwalderdäpfel KG
Eduard Paminger

Grübl 5
A-4725 St. Aegidi

Telefon 00 43 (0) 77 17 / 80 00
Telefax 00 43 (0) 77 17 / 78 20
www.sauwalderdaepfel.at

Jedes Hemd ein Original

Hemdenmacher Valentin
Gudrun Valentin

Passauer Straße 70
A-4786 Brunnenthal / Schärding

Telefon 00 43 (0) 77 12 / 46 11-0
Telefax 00 43 (0) 77 12 / 46 11-55
www.hemdenmacher.at

Maßband, Bleistift, Schere – ihre wichtigsten Handwerkszeuge tragen die Mitarbeiterinnen in Gudrun Valentins Hemdenmanufaktur stets bei sich. Hier werden aus edlen Stoffen, die ausschließlich aus Schweizer, italienischer und österreichischer Produktion stammen, mithilfe von Schablonen Kragen ausgeschnitten, dort per Hand Manschetten zurechtgebügelt. Allerorts stehen Stoffmuster und farbenprächtige Garnrollen griffbereit, die Geräusche der Nähmaschinen vermengen sich zu einer den Raum füllenden Melodie. „Indem alle Arbeitsschritte für unsere Maßhemden unter einem Dach erfolgen, können wir den höchsten Qualitätsstandards gerecht werden", beschreibt Gudrun Valentin ihr Erfolgskonzept, zu dem auch gehört, dass Bestellungen nicht nur vor Ort und im qualifizierten Fachhandel, sondern auch online angenommen werden. „Mit dem Hemdenkonfigurator auf unserer Homepage kann sich jeder sein individuelles Maßhemd designen", erklärt Gudrun Valentin das simple Prinzip. Tatsächlich ist es so möglich, aus einer Vielfalt von Stoffen, Schnitt-, Kragen- und Manschettenformen schnell, einfach und verhältnismäßig günstig das persönliche Lieblingshemd zu kreieren. Aber wodurch zeichnet sich ein Valentin-Hemd überhaupt aus? Die Schneiderin gibt Auskunft: „Natürlich durch die Individualität – jedes Hemd ist ein Original – aber auch durch Qualität und Haltbarkeit." Letztere garantiert Valentin unter anderem durch spezielle Baumwolleinlagen für Kragen und Manschetten, die über eine hohe Waschbeständigkeit verfügen, aber auch mit Sicherheitsstichen angenähten Knöpfen und kleinen Stichen bei allen Nähten. Zusammengefasst ergeben diese Besonderheiten das typische Bild feinster Hemden.

36
37
38
39
40
41
42
43
44

Alles dreht sich um den Eisstock

„Vorsicht", schickt Gerhard Wimmer zu Beginn voraus, „drehen und drechseln sind zwei verschiedene Dinge – gedreht wird Metall, aber Holz wird gedrechselt!". Als einer der letzten Drechsler der Region erzeugt der Handwerker „so ziemlich alles, das rund und aus Holz ist" – von der Obstschüssel bis hin zu Werkzeuggriffen. Die Tatsache, dass sein kleines Unternehmen in St. Moritz und Teilen der USA genauso bekannt ist wie im Sauwald, verdankt er aber seinem Leitprodukt: dem Eisstock. Die fast leeren Regale in Gerhard Wimmers Lagerräumen weisen auf einen guten letzten Winter hin. „Eisstockschießen liegt wieder im Trend und viele sind glücklich, dass es noch jemanden gibt, der qualitative Holzstöcke herstellt. Mittlerweile habe ich sogar Anfragen aus der Türkei", lacht der Oberösterreicher. Anschaulich erklärt er die Entstehung seines Leitproduktes: „Das Birnbaumholz beziehe ich aus der Region. Es wird geschält, auf Kanthölzer zugeschnitten und zwei Jahre luftgetrocknet. Dann kommen sie für ein paar Wochen in diese Vakuumanlage." Stolz präsentiert der Drechsler das monströse Gerät, das einen eigenen Raum für sich einnimmt. Die trockenen Hölzer werden erst gehobelt und verleimt – dann noch einmal gehobelt. Es wirkt anstrengend, wie der Handwerker Stück für Stück durch die Maschine schiebt. „Ein Knochenjob", bestätigt er schmunzelnd. Anschließend wird in die Stockkörper mittig ein Loch gebohrt. Dann beginnt das eigentliche Drechseln: die Ringpassung, die Laufsohle und schlussendlich das dekorative Muster.
Weiter geht es zu den mit der CNC-Maschine gefertigten Eschenholzstielen. Sie werden noch gefräst und mit Rillen versehen, damit die Griffstücke ihre rutschfeste und ergonomische Form erhalten. Nachdem er den passenden Metallring aufgezogen hat, schnappt sich Gerhard Wimmer einen schweren Hammer. „Das ist ein sogenannter Fäustel", spricht er und schlägt damit gezielt den Stock in den Körper. Ein paar Handgriffe zum Abschluss und … fertig ist der Eisstock.

Drechslerei Wimmer
Gerhard Wimmer

Oberndorf 7
A-4793 St. Roman

Telefon 00 43 (0) 77 16 / 63 24

Zillen und Holzboote nach Maß

Zillenbau Witti
Anton Witti

Freizell 4
A-4085 Wesenufer

Telefon 00 43 (0) 72 85 / 63 90
www.witti.co.at

Es wirkt beinahe idyllisch, wie Anton Wittis Zillen am Donauufer vor seiner Werkstatt liegen. Früher, als das Schiff noch das bequemste, schnellste und billigste Verkehrsmittel im Donautal war, betätigten sich die meisten Bewohner der Region als sogenannte Schopper, also Bootsbaumeister, oder Naufährer, wie der Kapitän einer Zille genannt wird. Heute übt Anton Witti als einer der letzten Österreicher dieses beinahe ausgestorbene Handwerk aus. Die traditionelle Zillenbautechnik des Schoppens, bei der die Holzbretter des Bootes mit Moos und Hanf abgedichtet wurden, wendet er aber höchstens noch zu Demonstrationszwecken an. „Seit den 1980er-Jahren haben wir den Zillenbau Schritt für Schritt modernisiert", erzählt der erfahrene Bootsbauer und fügt lachend hinzu: „Inzwischen müssen die Zillen nicht mehr erst untergehen, damit sie später schwimmen." Tatsächlich ist das getrocknete Moos ursprünglich erst im Wasser aufgegangen, sodass die Boote im Frühjahr mit Wasser volllaufen mussten, um das restliche Jahr dicht bleiben zu können. Mittlerweile werden die Hölzer nicht mehr geschoppt, sondern mit Schablonen aus heimischen Hölzern ausgeschnitten und wasserfest verleimt. Diese moderne Bauweise ermöglicht eine rasche und kostengünstige Fertigung von Booten in allen Größen und Formen. So bauen Anton Witti und seine Mitarbeiter neben Ruder- und Motorzillen auch Arbeitsboote und Radfähren in allen Breiten bis 16 Meter Länge. Aber noch immer gilt: Jedes Holzboot, das Anton Wittis Werkstatt verlässt, ist ein Einzelstück, gebaut von einem wahren Meister. Schließlich ist es das handwerkliche Können, das die Formschönheit und die lange Lebensdauer der geschichtsträchtigen Holzzillen garantiert.

Hausruckviertel – Edles aus dem Genussgarten Oberösterreichs

■ Rahmig-milde Rohmilchbutter, feiner Honig, vollmundige Milch, rassige Käsespezialitäten und vieles mehr – im Hausruckviertel sind die Genusshandwerker Oberösterreichs zu Hause. Sie verstehen sich darauf, die natürlichen Gegebenheiten ihrer Region zu nutzen und in einer harmonischen Verbindung von Tradition mit modernem Gedankengut und innovativen Technologien köstliche kulinarische Schmankerl zu produzieren. Dabei rückt der Bio-Gedanke auch hier, im oberösterreichischen Voralpenland, immer mehr in den Vordergrund.

An der Spitze der Hausruckviertler Genusshandwerker stehen die Käsemeister: Milch, die zum Käsen verwendet wird, muss der höchsten Qualität entsprechen. Die saftigen Weiden der Region bieten mit kräftigem Futter die besten Voraussetzungen dafür. Nicht zuletzt der daraus resultierenden hervorragenden Milch ist es zu verdanken, dass Käsekreationen aus dem Hausruckviertel, wie zum Beispiel der Grieskirchner Kochkäse, heute weit über die österreichischen Grenzen hinaus für ihre Güte und ihren besonderen Geschmack berühmt sind. Auch wenn das Käsereihandwerk eines ist, das in der Region auf uralte Traditionen zurückblicken kann, sind die modernen Käsemeisterinnen und -meister nicht mehr ausschließlich aus der Erfahrung schöpfende Künstler. Das wäre auch beunruhigend, bedenkt man, dass in früheren Zeiten die Temperatur der Kesselmilch zum Beispiel durch das Eintauchen des Ellbogens ermittelt wurde oder zur Berechnung der Labzeit eine bestimmte Anzahl von „Vaterunser" aufgesagt werden musste. Heute wird in der Hausruckviertler Käseproduktion viel weniger nach Gefühl, dafür umso mehr mit modernsten Messtechniken gearbeitet. Trotz

der eingesetzten Technologie ist die Käserei bis heute ein Handwerk geblieben. Eines, das nach wie vor neben dem berühmten Fingerspitzengefühl selbstverständlich auch Sinn für Geschmack verlangt.
Aber auch abseits der Käserei wird Geschmack und Genuss im Hausruckviertel großgeschrieben. So birgt die bäuerlich dominierte Landschaft eine Vielzahl kulinarischer Schätze von edlem Honig über Köstlichkeiten, die aus unterschiedlichem Getreide der fruchtbaren Hausruckviertler Äcker gewonnen werden, wie würzige Brotkreationen oder geschmackintensive Salatöle bis hin zu erfrischendem Most.
Apropos Most: Noch heute findet man in vielen Bauernhöfen der Region schöne Mostpressen mit Initialen und Jahreszahlen in Kerbschnitttechnik, die auch hin und wieder mit überlieferten Segens- und Fruchtbarkeitssymbolen versehen wurden. Solche historischen, schmückenden Elemente an Arbeitsgeräten sind typisch für das Hausruckviertel, dessen bäuerlicher Raum in volkskünstlerischer Hinsicht geprägt ist durch reichbemalte Möbel, hübsch verzierte Troadkästen, Türen und Tore.
Bevor nun aber der Eindruck entsteht, das Landl, wie die alte Bezeichnung des Kerngebiets von Oberösterreich lautet, bestehe zur Gänze aus Feldern, Weideflächen und Landwirtschaften hier ein kurzer Einblick in die städtische Landschaft des Hausruckviertels: Die Region, deren Namen sich vom Hausruck, jenem Bergrücken, der das Landschaftsbild prägt, ableitet, unterteilt sich in die Bezirke Eferding, Grieskirchen, Vöcklabruck und Wels mit Wels Land.
Als Hauptstadt des Hausruckviertels gilt Wels, die zweitgrößte Stadt Oberösterreichs nach der Landeshauptstadt Linz. Bereits ab dem Jahr 1000

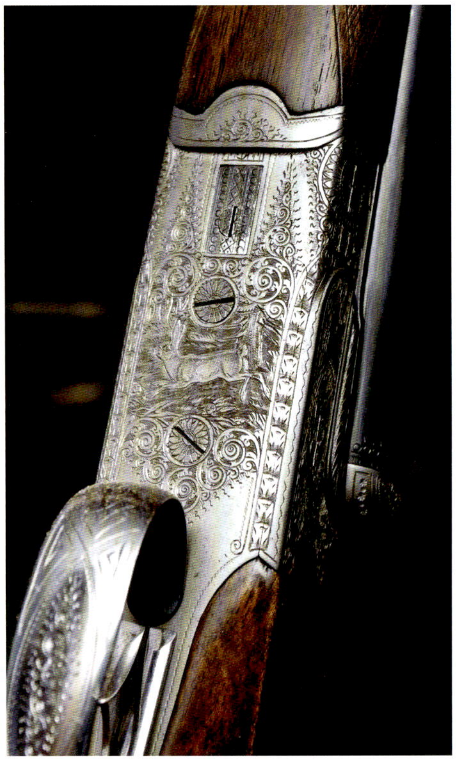

wurde Wels als „Markt" bezeichnet und war bekannt für den dort herrschenden regen Tuchhandel. Im 14. und 15. Jahrhundert kamen dann die ersten wohlhabenden Bürgerfamilien auf und mit ihnen bildeten sich die Handwerkszünfte aus, die sogenannten „Zechen". In diese Zeit reichen auch die Ursprünge der Messe Wels zurück. Mittlerweile befindet sich Wels auf Rang drei der Messestandorte in Österreich. Besonders das Thema erneuerbare Energie hat es der Stadt seit mehreren Jahren angetan. Hier setzt Wels unter anderem mit der jährlichen Energiesparmesse Schwerpunkte. Im Hinblick auf diese innovativen wirtschaftlichen Akzente ist es nicht verwunderlich, dass sich auch die heutigen Handwerker und Handwerkerinnen in und um die Stadt, durch außergewöhnlichen Esprit auszeichnen. Ihre edlen Produkte, die von Recycling-Handtaschen über handgefertigte Flinten bis hin zu von renommierten Designern in Auftrag gegebene Ledergürtel reichen, haben zum Teil bereits den Bekanntheitssprung über die österreichischen Grenzen hinaus geschafft und werden auch international geschätzt.
So spannt sich der handwerkliche Bogen im Hausruckviertel perfekt von den kulinarischen Spezialitäten aus der bäuerlichen Region des „Landls", die man bedenkenlos als Genussgarten Oberösterreichs bezeichnen könnte, bis hin zu edlen Handwerksstücken aus der Hauptstadt.

„Pferdefischer", Bad Schallerbach

Regionale Vielfalt aus der innovativen Backstube

Der Duft von frischem Brot hängt in der Luft, während die Geschwister Moser in der Backstube darüber tüfteln, wie sie ihre Kunden wieder einmal neu überraschen könnten. Seitdem sie zu dritt den mehr als 130 Jahre alten Familienbetrieb übernommen haben, weht ein frischer Wind durch die Traditionsbäckerei im Hausruckviertel. „Wir bleiben unseren Wurzeln treu, indem wir sie in Rezepten und im Handwerk bewahren. Gleichzeitig versuchen wir uns tagtäglich aufs Neue zu erfinden," fasst Christina Moser-Wachtfeitl die Unternehmensphilosophie zusammen. Bäckermeister und Bruder Robert ist dafür zuständig, die neuen Ideen zu verwirklichen. Im Vordergrund stehen dabei, neben der Bio-Regionalität der Rohstoffe, die Vielfalt und selbstverständlich der gute Geschmack.

Fast ausschließlich verwendet Robert Moser für seine Brotkreationen den hauseigenen Natursauerteig. Aus diesem entsteht das beinahe schon legendäre Hausbrot der Bäckerei Moser, ebenso wie innovative, neue Rezepte, die besonders gut zu Wein und Käse passen. Das Feigen-Nussbrot, das Chili-Brot oder das besondere „Pain Paillasse" sind nur einige Beispiele für mediterrane Spezialitäten, die von Robert Moser durch beste oberösterreichische Backkunst perfektioniert wurden. Dass Saisonalität in der Philosophie der Bäckerei Moser eine ebenso wichtige Rolle spielt wie der gute Geschmack, wird auch im Advent deutlich. Dann nämlich erweitert sich die süße Vielfalt in den Vitrinen der Konditorei-Bäckerei Moser um herrlich frischen Lebkuchen und das weithin bekannte Früchte- und Kletzenbrot der Familie.

Bäckerei Café Konditorei Moser
Familie Moser

Schaunbergstraße 2
A-4081 Hartkirchen

Telefon 00 43 (0) 72 73 / 63 71

Lebensphilosophie? Bio!

Biohof Leitner
Rudolf Leitner

Oberweg 52
A-4844 Regau

Telefon 00 43 (0) 76 72 / 204 55

Beim Besuch am malerischen Biohof in Regau wird schnell klar, dass Rudolf Leitner den Biogedanken ganzheitlich lebt. „Wir wollen eine gesunde Kreislaufwirtschaft, in der keine Dünger von außen zugekauft werden. Unsere Produkte werden ausschließlich regional vermarktet – nicht wegen dem Trend, sondern weil es schon immer so war. Wichtig ist mir auch die Produktion eigener Energie“, beschreibt Rudolf Leitner die Philosophie seiner Landwirtschaft. Dazu gehört ebenfalls, dass er alle seine Fahrzeuge mit Pflanzenöl betreibt und seinen Hof mit Holz und Solar beheizt. Mindestens seit 400 Jahren ist der Regauer Bauernhof bereits im Besitz der Familie Leitner. 2002 wurde die gesamte Landwirtschaft auf BIO umgestellt. Weizen, Dinkel, Sonnenblumen, Leinsamen, Ölkürbisse und drei Sorten Erdäpfel wachsen auf Rudi Leitners Feldern. „Eine spezielle Fruchtbreite und -folge ist im Bioanbau notwendig, damit das Unkraut auf biologische Weise in Schach gehalten werden kann“, erklärt der Landwirt und fügt hinzu: „Biolandbau und Monokultur sind unvereinbar.“

Seit 1991 wird am Hof auch eine eigene Pflanzenölpresse betrieben. „Nach der Ernte werden die Rohstoffe sorgfältig gereinigt und getrocknet. Danach werden sie mit einer Schneckenpresse kalt gepresst“, schildert der umtriebige Biobauer den Herstellungsprozess seiner Öle, zu denen Raps-, Sonnenblumen-, Lein- und Kürbiskernöl zählen. Kürbiskernöl? Ja, richtig gelesen, dank Rudi Leitner findet mittlerweile auch die ursprünglich steirische Ölspezialität Einzug in oberösterreichische Küchen. Vertrieben werden die biologischen Erzeugnisse in Bauernläden der Region und natürlich direkt ab Hof.

Rapsöl
1l
aus eigenem biologischen Anbau u.
kalter Erstpressung.
Unbehandelt, ohne Zusätze.
Mit ca. 60% einfach u. ca. 32%
mehrfach ungesättigten
Fettsäuren.
Kühl u. dunkel lagern.
Mind. haltbar bis:
R. Leitner, Oberweg 52, 4844 Regau
Tel. 07672/20455
AT-O-02-BIO

Edles für die Taille

Sorgfältig trägt Herr Zemni den Spezialkleber mit einem Pinsel auf das gespaltene Rindsleder auf. Schon seit knapp 30 Jahren fertigt er für „Condor" exklusive Gürtel. „Seit den Anfängen des Unternehmens hat sich viel geändert", weiß der gelernte Schuhmacher zu berichten, der schon die unterschiedlichsten Modetrends miterlebt und zum Teil sogar mitkreiert hat. Gezielt wählt Zemni ein passendes Stanzmesser, das er auf das frisch geklebte Leder legt. Die Maschine startet auf Knopfdruck. „Wir haben klein begonnen, aber heute fertigen wir exklusive Kollektionen für internationale Modemarken", plaudert der sympathische Welser aus dem Nähkästchen. Die schmalen gestanzten Gürtelteile klebt und verleimt er dabei zu einem langen, edlen Doppelgürtel. „Dieses Teil muss jetzt nur mehr geprägt und mit einer Schnalle versehen werden, dann wird es bald im Shop eines bekannten Luxus-Labels zu kaufen sein."

Seit mehr als 20 Jahren fungiert Robert Wiesinger bereits als kreativer Kopf von „Condor Gürtel". Im Münchner Rudolf Kränzlein hat der Oberösterreicher im Jahr 2008 einen in der Fashion-Branche erfahrenen Geschäftspartner gefunden. Die beiden Modeexperten sind sichtlich stolz auf ihre Mitarbeiter und die Möglichkeit, jede Art von Gürtel direkt im Haus produzieren zu können: „Wenn die Designer zu uns kommen, bringen sie ein grobes Konzept mit, die endgültigen Gürtel werden aber erst hier vor Ort realisiert. Die Modeschöpfer schätzen es, dass sie ihre Ideen nach dem Besuch gleich als Prototypen in den Händen halten." Rund 300 000 Gürtel werden bei „Condor" im Jahr produziert, zum großen Teil in Handarbeit. Neben den Aufträgen vieler bedeutender Markenhersteller aus dem Modebereich, fertigt „Condor" übrigens auch eine eigene kleine Kollektion, die im deutschsprachigen Raum vertrieben wird.

Condor Gürtel GmbH
Rudolf Kränzlein und Robert Wiesinger

Etrichstraße 12
A-4600 Wels

Telefon 00 43 (0) 72 42 / 61 33 40
Telefax 00 43 (0) 72 42 / 61 33 444

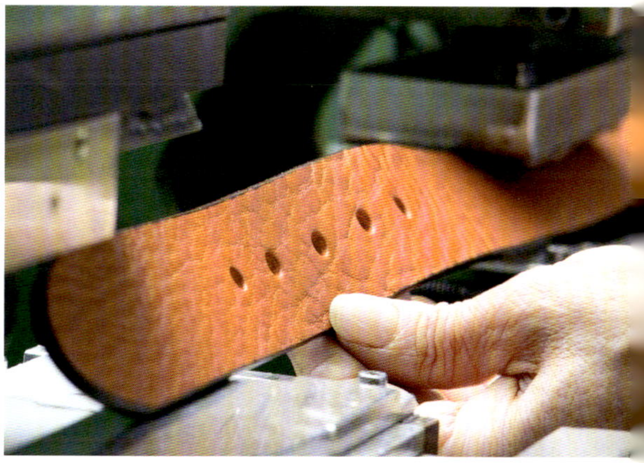

Harmonie in Form und Farbe

Das Schattenspiel der bunten, bleiverglasten Meisterstücke aus den „Glaswerkstätten Richter“ hat im natürlichen Licht etwas Bewegendes. In ihrem erhabenen Glanz, mit ihren kräftigen Konturen, verkörpern sie einen unvergleichlichen Meilenstein vollkommener Handwerkskunst:
Als ursprünglich sakrale Kunst wurde die Technik der Bleiverglasung zunächst nur für Fenster großer Kathedralen verwendet, ab dem ausgehenden Mittelalter fanden Bleiverglasungen aber auch Einzug in den bürgerlichen Handwerksbereich. Die Vorgehensweise, eine größere Glasfläche aus kleinen Stücken zusammenzusetzen, begründete sich in der Schwierigkeit, flüssiges Glas in einer größeren Fläche so abzukühlen, dass es nicht reißt. Daher wurde die Idee geboren kleine Glasscheiben herzustellen und diese mit Bleiruten zu verbinden und zu kitten. Durch die Verwendung bunt gefärbter, marmorierter Glasstücke schuf man so Bildfenster, die den scheinbaren Nachteil in eine Kunstform umwandelten. Die Fülle der harmonischen Gestaltungsmöglichkeiten machte die Bleiverglasung zu einem wesentlichen Stilelement, das vor allem zur Gestaltung von Fenstern, Türen und Beleuchtungskörpern eingesetzt wurde.
Die „Glaswerkstätten Richter“ knüpfen an diese Tradition an und haben mit Beharrlichkeit ihren eigenständigen Weg gestalterischer Vielfalt gefunden. So bietet der Traditionsbetrieb heute edle Glaskunst auf höchstem Niveau für alle Lebensbereiche. Das breite Spektrum der Handwerkskunst spiegelt sich im Schauraum der Alkovener Glaswerkstätten wider: gediegene Bleiverglasungen für den heimeligen Innenbereich, Ganzglastüren, Glaswände und individuelle Glasprojekte für den Außenbereich. Die Meister der Glaswerkstätten Richter kennen beinahe keine handwerklichen Grenzen, solange die Aufträge mit ihren hohen Qualitätsvorstellungen vereinbar sind.

Glaswerkstätten Richter GmbH
Erik Richter

Straß 9
A-4072 Alkoven

Telefon 00 43 (0) 72 74 / 7 73 50
www.glas-richter.at

Eine Familie geht mit der Zeit

Gundacker Uhren und Schmuck
Josef Gundacker

Pfarrgasse 2
A-4600 Wels

Telefon 00 43 (0) 72 42 / 6 64 85
Telefax 00 43 (0) 72 42 / 6 64 85

Josef Gundacker arbeitet mit Lupe, Pinzette, feinsten Werkzeugen und Ölen. Je größer die Uhr, desto gröberes Werkzeug verwendet der Welser. „Früher gab es Kleinuhrmacher und Großuhrmacher, heute muss man ein Allrounder sein", beschreibt der Uhrmachermeister sein Handwerk und resümiert, wie sich dieses im Laufe der Zeit verändert hat: „Mit Einführung der Quarzuhren haben billige Uhren die hochwertigen vom Markt verdrängt. Der Trend hat sich mittlerweile umgekehrt – die mechanische Uhr ist als Wertanlage wieder beliebt und so hat auch der Uhrmacherberuf wieder an Attraktivität gewonnen." Vielleicht ist das mitunter ein Grund, weshalb sich auch Josef Gundackers Tochter dazu entschlossen hat, in die Fußstapfen ihres Vaters zu treten. Von ihm hat sich die Uhrmachergesellin die Kunst der Restauration antiker Uhren abgeschaut. „Das Schöne an unserem Handwerk ist die Abwechslung. Heute beschäftigen wir uns mit dem Service einer Quarzuhr, morgen stehen wir vor der Herausforderung einer antiken Taschenuhr, bei der ein Teil fehlt, das von Hand angefertigt werden muss", erzählt Gundacker. Ebenso vielfältig gestaltet sich die Produktpalette des Familienunternehmens. Im Uhrenbereich reicht sie von der günstigen Kinderuhr über den Fashionbereich bis hin zu exklusiven Marken wie Tissot oder Maurice Lacroix. Das Schmucksortiment umfasst modische Silberware wie den trendigen Pandoraschmuck genauso wie den feinen Goldbereich und hochwertige Brillantware. Bekannt ist das Unternehmen für seine Perlenpreziosen, die von Kreationen aus Süßwasserperlen bis hin zur ausgefallenen Tahitikette reichen. Für die gewissenhaften Perlenknüpfarbeiten zeichnet sich übrigens Josef Gundackers Ehefrau Rosa verantwortlich. Die ruhevolle Hand liegt augenscheinlich in der Familie.

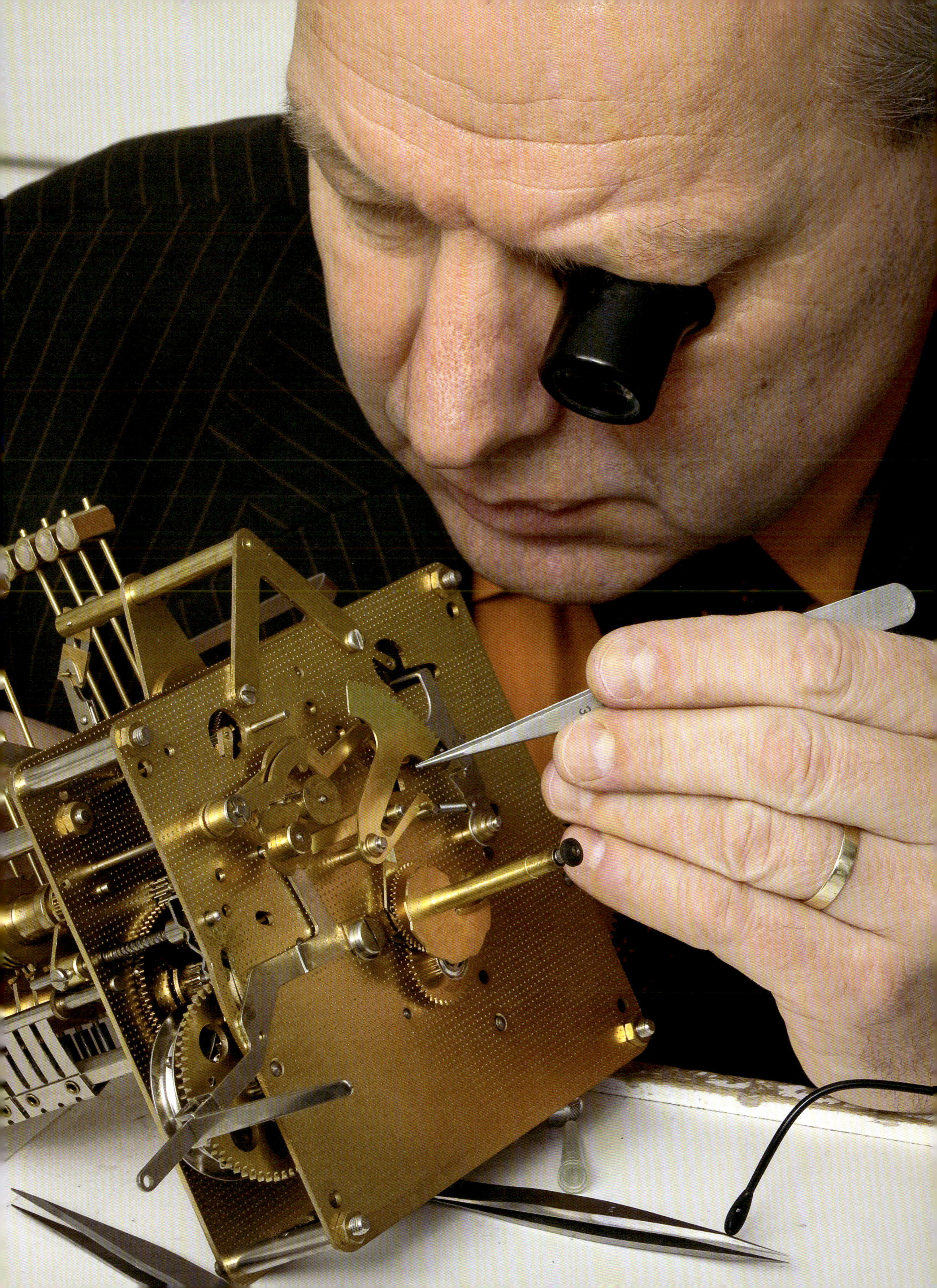

Der Doktor der Heiligen

Klassische Musik tönt durch Helmut Krumps Werkstatt in seinem Kimplinger Bauernhaus. Der Vergoldemeister ist bei der Arbeit. Allerhand Heiligenfiguren warten in seinem Atelier darauf, von ihm verarztet zu werden. So erinnert auch sein Werkzeug zum Teil an die Ausrüstung eines Chirurgen: Skalpell und Infusion. „Das Skalpell benötige ich zur Abnahme später aufgebrachter Schichten und Verschmutzung und hin und wieder muss ich verwurmten Figuren per Infusion ein Bindemittel eintropfen lassen", kommentiert der Oberösterreicher den erstaunten Blick. Seit über 25 Jahren beschäftigt sich der Handwerker bereits mit Restaurierungen. Ursprünglich hat sich Helmut Krump nur auf Vergoldertätigkeiten beschränkt, aber mit der Zeit kamen auch Holzarbeiten, Farbfassungen und ergänzende Bildhauerarbeiten hinzu. „Vorwiegend bin ich in Kirchen, Schlössern und Palais am Werk", erzählt er. Bereitwillig demonstriert Helmut Krump, mit wieviel Sorgfalt hauchdünnes Blattgold auf antike, mit Spiritus und Wasser vorbehandelte Objekte aufgetragen werden muss. Nach dem Trocknen verleiht er den vergoldeten Flächen mit Poliersteinen aus Achat neuen Glanz. „Früher hat man dafür mitunter Tierzähne verwendet", weiß der Vergoldemeister. Die Zeit, die Helmut Krump in seiner Werkstatt verbringen kann ist rar, denn meistens arbeitet er an historischen Kulturstätten vor Ort. Oft stand er schon vor der Herausforderung ganze Altäre vor dem Verfall zu retten.
Offiziell besagen die Berufsrichtlinien, ein Restaurator sei weder Künstler noch Handwerker, aber wer Helmut Krump bei der Arbeit zusieht, beginnt daran zu zweifeln. Bedächtig widmet sich der Oberösterreicher wieder der Restauration einer kränkelnden Sakralfigur, das Skalpell bei der Hand. Man könnte ihn ja als Doktor der Heiligen bezeichnen.

Vergoldemeister Helmut Krump
Helmut Krump

Kimpling 26
A-4720 Neumarkt

Telefon 00 43 (0) 77 33 / 80 77

Kopfkunst mit Urlaubsstimmung

HAARHANDWERK
Susanne Wiesner

Toiflweg 27
A-4600 Wels

Telefon 00 43 (0) 72 42 / 5 40 69
www.haarhandwerk.at

■ Schon bei der Begrüßung in Susanne Wiesners einladendem Friseursalon fällt die Alltagslast von einem ab. Lächelnde Haarhandwerkerinnen schwirren durch den im kanarischen Stil eingerichteten Raum. Chefin Susanne Wiesner empfängt den Besucher herzlich beim Eintreten: „Schön, dass du da bist. Was hältst du davon, wenn wir deine Frisur draußen auf der Terrasse besprechen?“ Persönlichkeit wird hier großgeschrieben.
Vorbei an der stylishen Bar und dem offenen Kamin, der an kalten Tagen für romantische Stimmung sorgt, geht es in den schönen Garten. Auf dem großen Trampolin turnen springvergnügte Kinder, die ihre Eltern zum Friseurtermin begleiten. Der Swimmingpool ist in der Frühlingszeit noch unberührt, aber einige Kundinnen genießen auf den Sonnenliegen während ihrer Farbeinwirkzeit schon die ersten Sonnenstrahlen des Jahres bei einem erfrischenden Cocktail.
Den Charakter und Stil ihrer Kunden ermittelt Susanne Wiesner gerne bei einem persönlichen Gespräch. „Das Wichtigste an unserem Beruf ist, die Bedürfnisse des Kunden zu erkennen und gleichzeitig die handwerkliche Fähigkeit zu besitzen, diese umzusetzen“, philosophiert die sympathische Mühlviertlerin. „Ich bin zwar ein Fan von Trends, aber die lassen sich selten mit meiner Philosophie vereinen.“ Und die wäre? „Schöne Haare, gesunde Haare und praktische Haare“, antwortet die Friseurmeisterin lachend.
„Am liebsten schneide ich im trockenen Zustand, denn dabei sieht der Kunde den Entstehungsprozess“, erzählt Susanne, während sie meinem Haar einen Stufenschnitt verpasst. Dann kommt die Farbe: „Das Zusammenmischen erfordert viel Erfahrung. Mir ist wichtig, dass es immer natürlich wirkt“. Die Zeit verrinnt viel zu schnell und bald ist meine neue, wunderschöne Frisur fertig, dabei wäre ich gerne noch länger geblieben.

100ml
BAUERNHOF EIS ™

Frisch und echt

Wenn in Oberösterreich sommerliche Temperaturen herrschen, beginnt für die Familien Lidauer und Papst der Höhepunkt der Eiszeit, denn als sie 2003 ihre Milchviehgemeinschaft „Hausruckmili" ins Leben riefen, beschlossen sie ihre frische Milch zu köstlichen Eisspezialitäten zu verarbeiten.
Gerade beginnt am Hof wieder eine Führung. In freudiger Erwartung der angekündigten Eisverkostung schwirren einige Kinder um den Eiswagen im nostalgischen Design. „Unser Eiswagen ist auf jeder Veranstaltung die absolute Attraktion", lacht Andreas Lidauer, „aber der Weg von der Milch zum Eis beginnt eigentlich hier." Bedächtig öffnet er die Stalltüre und führt die Besucher vorbei an zufriedenen Kühen. „Im Unterschied zu industriellem Eis, ist der Rahm für unser Bauernhofeis hausgemacht", erzählt Lidauer. Weiter geht es in die Produktionsräume. Hier werden Milch, Rahm, Früchte und edelste Geschmacksträger, wie zum Beispiel Bourbonvanilleschoten oder Haselnüsse aus dem Piemont, zusammen mit natürlichen Zuckerarten und Eigelb zu cremigem Eis verarbeitet. Farbstoffe, Konservierungsmittel oder sonstige Zusätze haben im Bauernhofeis nichts verloren. Über 100 feinste Frucht- und Milcheissorten bietet „Hausruckmili" an, darunter auch gewagte Kreationen wie das Petersilien- oder das Knoblaucheis. „Im Gegensatz zu industriellen Produkten, mengen wir unserem Eis keine Luft bei. Auch der Fruchtanteil unserer Sorbets ist doppelt so hoch wie bei jenen aus der Fabrik", betont Wolfgang Papst, der vor allem für den Vertrieb zuständig ist. „Was ist denn ein Sorbet?", fragt ein Besucher. „Sorbet wird aus Früchten hergestellt und enthält weder Eigelb noch Fett", erklärt der Landwirt, „am besten kosten Sie selbst!". Gerne, denn im Hofladen wartet schon Barbara Lidauer darauf, die eishungrigen Besucher zu verköstigen.

Hausruckmili
Familien Lidauer und Papst

Hauptschulstraße 15
A-4902 Wolfsegg am Hausruck

Telefon 00 43 (0) 76 76 / 72 20
Telefax 00 43 (0) 76 76 / 2 07 89
www.bauernhofeis.at

Bienen als Quelle des Lebens

Imkerei Qualitätsbetrieb
Adolf Madlmair und Erwin Reiter

Schwarzmoos 2
A-4851 Gampern

Telefon 00 43 (0) 76 82 / 73 64
www.imkerei-madlmair.jimdo.com

Rund um die farbenfrohen Bienenstöcke summt und brummt es. Während der Apfelblütezeit haben die geflügelten Honiglieferanten Hochsaison. „Wussten Sie, dass eine Biene in Kilometern vier Mal die Erde umrundet, um einen Kilo Honig zu produzieren?", überrascht mich Adolf Madlmair. Gemeinsam mit seinem bienenzuchterfahrenen Schwiegervater Erwin Reiter bewirtschaftet der hauptberufliche Rettungssanitäter seit 2004 durchschnittlich 40 Bienenvölker. Aus ihren Bienenstöcken zaubern die beiden Oberösterreicher eine bemerkenswerte Vielfalt an Naturprodukten: Neben unterschiedlichen Honigsorten produzieren Bienen auch Propolis. „Propolis dient als Nahrungsergänzungsmittel, aber auch als Kosmetika", erklärt Adolf Madlmair. „Um es zu ernten, müssen wir die Bienen ein wenig überlisten", schmunzelt der Imker. „Erst setzen wir ein Gitter in den Stock und heben dann leicht seinen Deckel. Die Bienen mögen keine Zugluft und werden das Gitter mit Propolis abdichten."

Aus dem Wachs der Waben wickelt und gießt Adolf Madlmair dekorative Kerzen. Und dann gibt es noch den berühmten „Bärenfang". Dieser intensive Honiglikör ist auch ein Bestandteil der Geschenkkörbe, die gerne in der Imkerei in Auftrag gegeben werden. „Den Likör lassen wir wie unseren Honig und den Propolis im Labor auf die Güte prüfen." Nicht umsonst wurde die Imkerei, in der auch Führungen angeboten werden, 2006 als Oberösterreichischer Qualitätsbetrieb ausgezeichnet. „Wir möchten das Bewusstsein der Menschen für die Notwendigkeit der Bienen stärken", erklärt Adolf Madlmair sein Engagement. „Die Imkerei ist eine große Herausforderung, auch weil sie hilft, das ökologische Gleichgewicht aufrechtzuerhalten. Schlussendlich gäbe es ohne Bienen nicht genug Obst und Gemüse." – Und auch nicht die bunte Vielfalt unserer Blumenwelt.

Was es wiegt, das hat's

Bereits im Altertum dienten Waagen der Bestimmung von Warenmengen, die sich durch Zählung oder Messung nicht ermitteln ließen. Im Laufe der Jahrhunderte wurden die Geräte immer präziser, denn erhöhte Anforderungen an die Qualität von Erzeugnissen sowie damit einhergehende gesetzliche Vorschriften waren wichtige Impulse für eine hochgenaue und effiziente Waagen-Technologie. Gleichzeitig wurden die Aufgaben der Waagenmechaniker dem technischen Wandel unterworfen. Der traditionelle Beruf des Waagenbauers ist inzwischen nahezu ausgestorben und wurde durch den des Mechatronikers ersetzt, sodass es heute schwierig ist, einen Fachmann zu finden, der auch mit der Reparatur von mechanischen Waagen vertraut ist. Johann Kletzl ist einer dieser wenigen Spezialisten in Österreich. „Den Wandel von der Feile weg zum Messgerät habe ich seit 1983 hautnah miterlebt", weiß der erfahrene Waagenmechaniker zu berichten. In seinem Betrieb in Regau widmet er sich mit seiner Familie und drei Mitarbeitern der Reparatur, dem Service, Eichungen und nicht zuletzt dem Verkauf von Waagen aller Art, von der mikrogramm-genauen Apothekerwaage bis hin zur 100-Tonnen-Fahrzeugwaage. Gebaut werden neue Waagen hier nur noch selten, es sei denn, es handelt sich um Spezialanfertigungen. „Im Vordergrund steht heute das Einstellen und Warten von Betriebswaagen", erklärt Johann Kletzl und betont, dass Genauigkeit und Sauberkeit zu den obersten Prämissen seines Berufs gehören. Zum Beispiel dürfen die mechanisch kalibrierten Gewichte zur Einstellung von Laborwaagen nur mit Handschuhen berührt werden, denn schon ein Fingerabdruck würde deren Gewicht verändern. Schlussendlich gilt, nachdem eine Waage durch Johann Kletzls erfahrene Hände gegangen ist: „Was es wiegt, das hat's."

Kletzl Waagen GmbH
Johann Kletzl

Schörflinger Straße 14
A-4844 Regau

Telefon 0043 (0) 7672 / 23404
www.kletzl-waagen.at

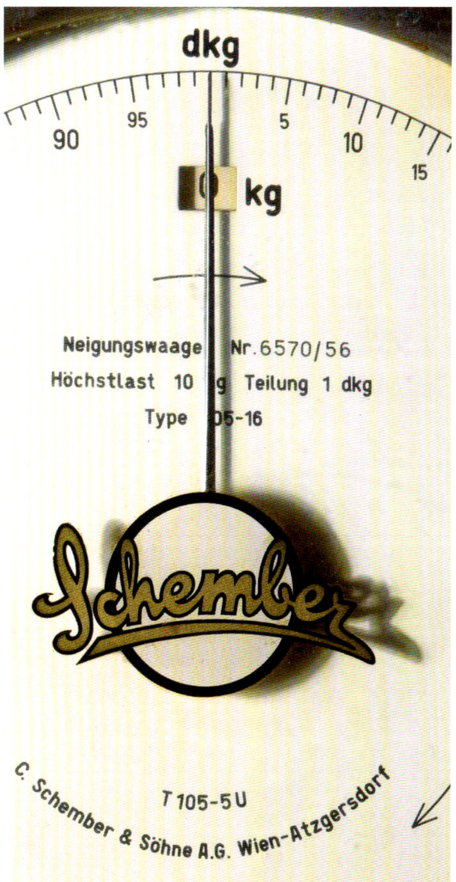

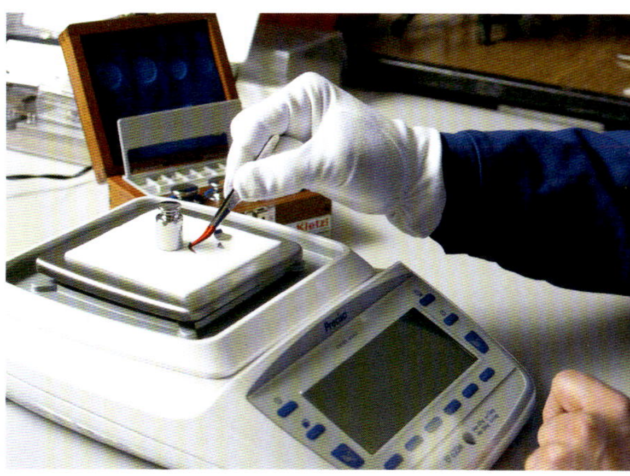

Geflügelte Fensterkultur

Kranz Tischlerei GmbH & Co KG
August und Dorothea Kranz

Johann-Pabst-Straße 3
A-4690 Schwanenstadt

Telefon 00 43 (0) 76 73 / 23 23-0
Telefax 00 43 (0) 76 73 / 23 23-18
www.kastenfenster.at

Man kennt sie von städtischen Prachtbauten, von herrschaftlichen Schlössern, ländlichen Gutshöfen oder dem alten Haus der Großmutter – die charmanten Fenster mit den Flügeln. Kastenfenster verleihen Gebäuden ein ureigenes Flair. Somit ist es nicht nur eine Frage des Denkmalschutzes, sondern ebenso eine des guten Geschmacks, bei der Sanierung von Altbauten auf lieblose Normfenster zu verzichten und gutes, schönes Handwerk zu bewahren. Für August Kranz spiegeln Fenster die Seele eines Hauses wider. Vor mehr als 20 Jahren hat sich das Unternehmen, das bereits 1921 gegründet wurde und somit auf 90 Jahre Erfahrung stolz sein darf, auf historischen Fensterbau respektive die Produktion von Kastenfenstern spezialisiert. Mit großer Liebe zum Detail und althergebrachten Handwerkstechniken wird heute bei Kranz historische Fensterkultur zeitgemäß neu definiert. Eine Reihe im Hause Kranz entwickelter innovativer Konzepte und Verfahren sorgt neben dem ästhetischen auch für den technologischen Wert der Fensterbauten. So überdauern die geflügelten Meisterwerke nicht nur ein paar Jahrzehnte, sondern mehrere Generationen.
„Es ist uns ein Bedürfnis, die Kultur der Fenster zu erhalten und die Wünsche des Bauherrn in handwerkliche Meisterarbeit umzusetzen“, beschreiben August und Dorothea Kranz ihre Firmenphilosophie. Die prächtigen Ergebnisse ihres Schaffens können neben dem hauseigenen Schauraum in Schwanenstadt an vielen öffentlichen Orten in ganz Österreich in Augenschein genommen werden. Dabei sind das Wiener Museumsquartier oder das Schloss Ort in Gmunden nur zwei der unzähligen bekannten Bauwerke mit Kastenfenstern aus der Meistertischlerei Kranz.

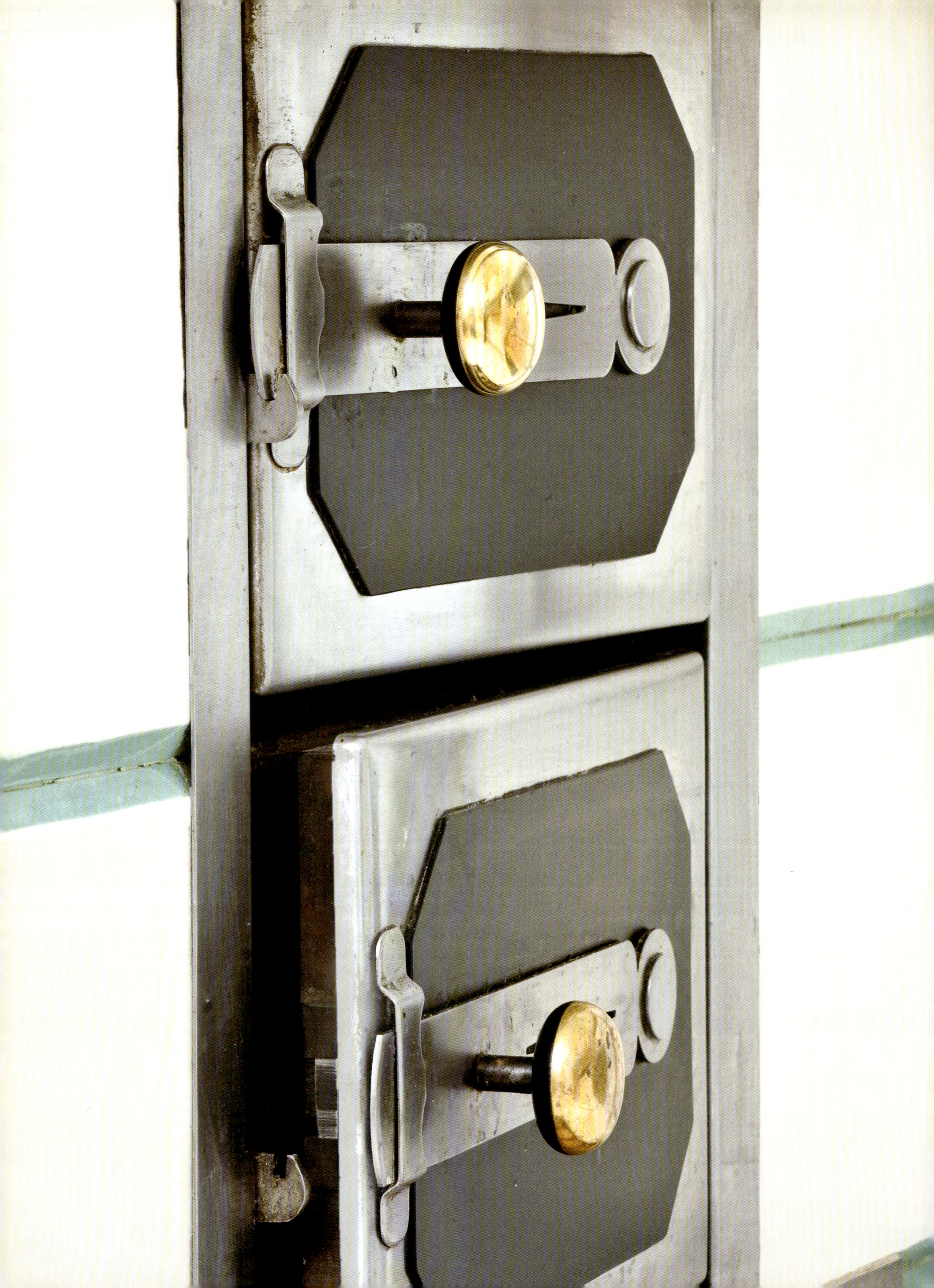

Die schönste Art zu heizen

Wohlig kuschelt sich die Hauskatze der Firma Zistler auf die gemütliche Kachelofenbank im Waizenkirchner Geschäftslokal. Die Wärme am Körper zu spüren und dem Knistern der Scheite zu lauschen, erweckt offenbar nicht nur im Menschen ein angenehmes Lebensgefühl. Seit jeher gelten Kachelöfen als beliebte Wärmespender. „Schon im 14. Jahrhundert gab es in jedem Haus eine beheizbare sogenannte Gute Stube", erzählen Hafnermeister Josef Zistler und seine Frau Andrea, die den Familienbetrieb bereits in der dritten Generation leiten. Freilich hat sich seit damals nicht nur die Heiztechnik geändert: Neue Materialien, innovative Bauweisen und ein technisch durchdachtes Innenleben machen Josef Zistlers Öfen neben funktionellen Wärmespendern zu wahren Design-Objekten, den futuristisch anmutenden Kachelherd ebenso wie die behagliche Ganzhausheizung.

Dabei setzt der Waizenkirchner vor manchen Entwicklungen aber auch klare Grenzen: „Wir bauen keine Öl- oder Gasöfen, sondern ausschließlich solche, die mit Holz beheizt werden", betont Josef Zistler und lässt das Schlagwort „CO_2-Neutralität" fallen. Dank alternativer Brennstoffvarianten, wie Pellets oder Scheitholz, ist der Hafnermeister so auch in der Lage, den Kachelofen in das ganzheitliche Energieversorgungskonzept eines Hauses zu integrieren. Ehrlich gesagt rückt der Gedanke an die Technik aber ganz weit weg, wenn man am perfekt in die Räumlichkeiten passenden Kachelofen sitzt, ein angenehmes Wärmegefühl den Rücken streichelt und daneben glücklich die Katze schnurrt … Andrea Zistler fasst die Ergebnisse der Arbeit ihres Mannes prägnant in Worte: „Die schönste Art zu heizen, seit es Feuer gibt."

Hafnermeister Josef Zistler

Klosterstraße 4
A-4730 Waizenkirchen

Telefon 00 43 (0) 72 77 / 22 39
www.zistler.co.at

PROGRESS
Gritzner

Modedesign im Einklang mit der Natur

„Man nehme sechs bis zwölf Kaffeesackerl und nähe diese in Taschenform zusammen." So wie Sonja Ortner-Neumayer die Herstellung ihrer recycelten Designertaschen beschreibt, klingt diese einfacher als sie tatsächlich ist. Nachdem die Welserin die Meisterklasse der Modeschule absolviert und bereits einige Erfahrungen in der Branche gesammelt hatte, wagte sie 2008 den Sprung in die Selbstständigkeit und eröffnete ihr kleines Atelier. Die stylishen Handtaschen aus Kaffeebohnenverpackungen sind mittlerweile so etwas wie ein Markenzeichen der Damenkleidermachermeisterin.

Federpinale, Badetaschen, Babypatscherl …, unterschiedlichste bunte Designerobjekte aus großteils recycelten Materialien zieren Sonja Ortner-Neumayers Nähstube.

„Ja", lacht die junge Schneiderin, „aus gebrauchten Rohstoffen neue, schöne Dinge zu nähen, ist mein Steckenpferd." So, wie das Nähen generell ihre große Leidenschaft ist, die sie unter anderem in ihren jährlichen, themenspezifischen Kollektionen auslebt. Heuer standen zum Beispiel Walkmaterialien im Mittelpunkt: kuschelige Jackerl mit royalen, breiten Krägen und freche Hüte aus Walk für Kinder und Erwachsene. „Mit natürlichen Materialien und biologischen Stoffen arbeite ich am liebsten", erzählt die Kleidermacherin, die in ihren Schneiderarbeiten den klassischen Stil bevorzugt und kurzlebige Trends bewusst verweigert. Das vielfältige Angebot der Schneiderei reicht von der Maßbekleidung über Heimtextilien bis hin zu kultigen Recyclingobjekten. Ab und zu liebt es Ortner-Neumayer auch zu polarisieren, wie zum Beispiel mit den von ihr kreierten „pregnant dolls". Die schwangeren Puppen sehen nicht nur witzig aus, sondern eignen sich mit Plazenta und Nabelschnur auch gut dafür, kleinen Geschwistern in spe den Geburtsvorgang zu erklären.

Die Schneiderei
Sonja Ortner-Neumayer

Stadlhofstraße 44
A-4600 Wels

Telefon 00 43 (0) 72 42 / 29 04 34
www.die-schneiderei.at

Grüne Dächer in Stadt und Land

Sawi Gartengestaltung
Michael Martan

Katzbacherstraße 13
A-4631 Krenglbach

Telefon 00 43 (0) 72 42 / 2 64 45
www.sawi.at

Wenn Michael Martan seinen Einsatzort zum ersten Mal betritt, präsentiert sich ihm dieser zumeist als grobe Baustelle. Nach getaner Arbeit jedoch, verlässt der Gärtnermeister zur Freude seiner Auftraggeber und Gründachsystempartner eine angehende blühende Oase. Voller Enthusiasmus erklärt der Oberösterreicher die Vorzüge seines Handwerks: „Ein begrüntes Dach sieht nicht nur gut aus, sondern hat auch einen ökologischen Ausgleichseffekt.“ Tatsächlich verschönern Gründächer nicht nur das Gebäude- und Stadtbild, sondern verbessern auch die Wohnqualität, indem sie das Klima regulieren und Energie sparen, die Luft reinigen und Sauerstoff spenden.

Michael Martans erster Auftrag liegt bereits länger als ein Jahrzehnt zurück. Seitdem war der Gründachexperte von Freistadt bis nach Graz und von Wien bis nach Innsbruck im Einsatz, um Dachanlagen aller Größen zu begrünen. Kleine Garagen ebenso wie Industriekomplexe, deren Dachfläche durchaus ein Hektar überschreiten kann.

„Man unterscheidet zwischen extensiver und intensiver Begrünung“, erklärt der Gartenprofi. Die intensive Variante lässt sich mit ihrer prächtigen Pflanzenvielfalt mit erdgebundenen Freianlagen vergleichen und so gilt auch hier der Grundsatz: Lebendes Grün braucht Pflege. „Die bei einer extensiven Dachbegrünung verwendeten Pflanzen sind jedoch großteils anspruchslos und trockenresistent“, betont Michael Martan. Dabei vergisst er beinahe zu erwähnen, dass die von ihm geschaffenen Dachoasen trotz ihrer geringen Ansprüche und hohen Wirtschaftlichkeit im Verlauf der Jahreszeiten ein buntes und abwechslungsreiches Bild ergeben, das lebendig wirkt und sich auf wunderbare Weise vom restlichen Grau der Stadt abhebt.

Slow-Käse aus dem Hausruckviertel

In der neu errichteten und modernisierten Hofkäserei des „Natur. Bauern.Hof." reifen wahre Schätze: „Der Bierkäse wird nach einem überlieferten Hofrezept aus dem 18. Jahrhundert hergestellt und gehört zu unseren Leitprodukten", kommentiert Robert Strasser den interessierten Blick auf die handgeformten Käsestücke. Drei bis vier Monate müssen sie in den Gewölberäumen ruhen und währenddessen sorgfältig mit Natursalzsole gepflegt werden, um schließlich eine feine Rotkulturrinde und ihren besonderen Charakter zu entwickeln. Durch die Kühle und die lange Reifung des Käses entsteht ein unvergleichliches Aroma. Gut Ding braucht eben Weile. Damit hat Robert Strasser als begeisterter Slow-Food-Anhänger kein Problem und so erfolgt die Verarbeitung seiner Spezialitäten aus der Natur ausschließlich nach überlieferten und bewährten Methoden mit sorgfältig ausgewählten, biologischen Rohstoffen und der wichtigsten Zutat, dem Faktor Zeit. „In Bezug auf den Geschmack zahlt es sich aus, gerade mageren Käse auf diese Weise reifen zu lassen", weiß Robert Strasser. Der Erfolg gibt ihm Recht: Rund 10 000 Kilo Käse werden jährlich am „Natur.Bauern.Hof." erzeugt. Zu den Leitprodukten zählen der Bierkäse, der Graukäse und der Kochkäse, aber auch kulinarische Raritäten wie der Uhudler-Weinkäse, der Kürbiskernkäse oder die Ziege und das Schaf in Rot befinden sich darunter. Sie allesamt wurden bereits für ihre gute Qualität ausgezeichnet. Das erste Produkt, das der Käsemacher aus Leidenschaft produzierte, war seine Rohmilchbutter, die in Wien schon fast Kultstatus genießt. Kosten Sie mal: „Hmmm, frisch, rahmig mild, leicht und mit Weide-Geschmack", schließt sich der Laie ohne zu zögern dem Urteil des Gourmetführers „A la Carte" an, der diese Butter 2006 zum europäischen Testsieger kürte.

Strasser Natur.Bauern.Hof.
Robert Strasser

Egg 3
A-4871 Frankenburg

Telefon 00 43 (0) 76 83 / 86 23
Telefax 00 43 (0) 76 83 / 86 23-4
www.naturbauernhof.at

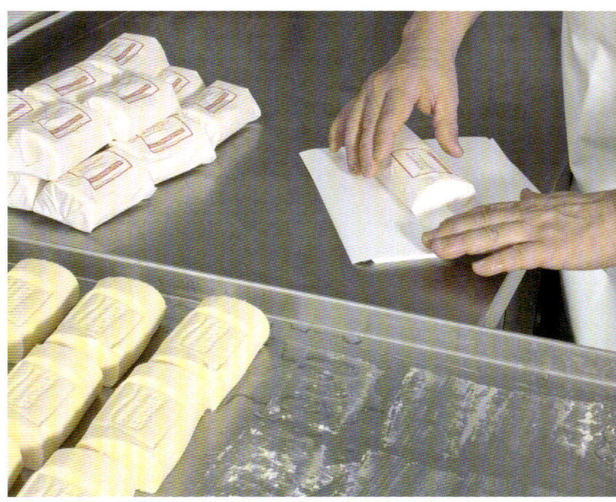

Holzarbeit aus Meisterhand

Tischlerei Greinecker
Franz Greinecker

Gstocket 4
A-4701 Bad Schallerbach

Telefon 00 43 (0) 72 49 / 4 83 68-0
www.tischlerei-greinecker.at

In der Werkstatt von Franz Greinecker riecht es herrlich. Nach frischem Holz, nach Wald, nach Natur. Beinahe liebevoll bearbeiten Franz Greineckers Mitarbeiter gerade ein Stück rohes Holz. Späne wirbeln durch die weitläufige Arbeitshalle in Bad Schallerbach. „Mein Großvater hat den Betrieb 1934 gegründet", beginnt der Tischlermeister Franz Greinecker zu erzählen, „mittlerweile führe ich ihn bereits in der dritten Generation." So manches hat sich seit der Gründung des Familienunternehmens geändert, zum Beispiel erleichtern heute neue Maschinen und Technologien viele vormals mühselige Arbeitsschritte. Auch die Werkstatt wurde vergrößert und ausgebaut. An einigen Grundsätzen seines Großvaters rüttelt Franz Greinecker allerdings bis heute nicht, so verwendet er aus Überzeugung heimische Hölzer und erledigt den Großteil der Arbeiten an seinen Werkstücken noch immer per Hand. Hauptsächlich werden in der „Tischlerei Greinecker" Möbel gefertigt. Einzelmöbel genauso wie ganze Zimmer. Von der urigen Bauernstube über komplette Designer-Küchen bis hin zur modernen Wohn-Lounge. „Sehr oft arbeiten wir mit Architekten und Innendesignern zusammen, deren originelle Ideen wir verwirklichen", berichtet der kreative Tischlermeister. Dabei sind alle Möbel, die Greineckers Werkstätte verlassen, genauso individuell wie ihre zukünftigen Besitzer. „Wir fertigen ausschließlich auf Kundenwunsch und nicht auf Vorrat", betont Franz Greinecker und macht sich wieder auf den Weg, um die Wohnung eines Kunden persönlich auszumessen.

Diese Flinten wirft man nicht ins Korn

Gerne zeigt Wilfried Wertgarner Interessierten die Schmuckstücke seiner Gewehrsammlung: „Das ist eine Windbüchse, die älteste Waffe im Haus.“ Die beeindruckende historische Version eines Luftdruckgewehrs stammt noch von Dominik Wertgarner, der das traditionsreiche Familienunternehmen 1820 in Enns gegründet hat. Im edlen Lederkoffer präsentiert Wilfried Wertgarner zum Kontrast ein sogenanntes „Pärchen“: „Diese beiden Flinten wurden von mir persönlich angefertigt.“ Man sieht, dass Präzision, Technik und das Gespür für Form und Handlichkeit von Generation zu Generation unter den Büchsenmachern der Familie weitergegeben wurde. Aber wie genau entsteht eine Flinte nach Maß? Erst wird der Kunde vermessen, wobei die relevanten Daten im Schaftmaßzettel eingetragen werden. „Für mich ist das so wichtig wie für den Schuster sein Leisten“, schmunzelt der sympathische Welser. Im ersten Handwerkschritt wird das vom Kunden ausgewählte Nusswurzelholz zum Schaft verarbeitet, der bei Wertgarner mit einer Lederkappe abgeschlossen wird. „Das ist der einzige Schaftabschluss, der dämpft und rutscht zugleich. Dadurch wird ein leichter, schneller Anschlag möglich“, erklärt der Büchsenmacher. Nach dem Schäften werden die Läufe und die Basküle sorgfältig zusammengepasst. Dann erst wird der Verschluss gefertigt und das Werk ausreguliert. Immer wieder sind präzise Feilarbeiten notwendig. Vor dem Finishing, den aufwendigen Gravuren und der abschließenden Oberflächenhärtung, kommt der Kunde natürlich mehrmals zum Probeschießen.

Beim Anblick der meisterhaften Endprodukte verwundert es nicht, dass vom Auftrag bis zur Auslieferung bis zu zwei Jahre vergehen können. „Wir sind heute vor allem ein Jagdausrüster“, erklärt Wertgarner, „außerdem sind wir eines von nur drei Glock-Servicecentern in Österreich.“

Büchsenmacher Wertgarner
Wilfried Wertgarner

Maximilianstraße 4
A-4600 Wels

Telefon 00 43 (0) 72 42 / 4 56 50
Telefax 00 43 (0) 72 42 / 4 56 50
www.wertgarner.at

Gereift, gerührt, gewürzt – Genuss

Wiesner Kochkäse
Mario Wiesner

Gewerbepark 1
A-4707 Schlüsslberg

Telefon 00 43 (0) 72 48 / 6 27 46-0
Telefax 00 43 (0) 72 48 / 6 27 46-18
www.wiesner.at

Eine zünftige oberösterreichische Jause ist schnell gerichtet: ein Glas Bier oder Most, Brot und dazu eine Portion cremigen Kochkäse vom Wiesner. Letzterer ist eine Spezialität nach altem Hausrezept, die in Oberösterreich schon seit über 50 Jahren mehr als sprichwörtlich in aller Munde ist. Aber was steckt eigentlich drinnen in diesem legendären Aufstrich und wie wird er gemacht? Mario Wiesner gibt darüber gerne Auskunft: „Eigentlich werden für den traditionellen Kochkäse nur vier Zutaten benötigt – Magertopfen, Speisesalz, Pfeffer und Kümmel." Das Geheimnis der Käsespezialität liegt in der gentechnikfreien Milch aus Oberösterreich und natürlich in der Reifung des Topfens. Dieser muss, bevor er zum Kochkäse weiterverarbeitet werden kann, für drei Tage in die Reifekammer. Nach dem Reifen wird er gekühlt und daraufhin wieder erhitzt. Beim Rühren werden die entsprechenden Gewürze dazugegeben und fertig ist die Köstlichkeit. An die Anfänge seines Familienbetriebs kann sich Mario Wiesner noch gut erinnern. Bereits sein Großvater hat den Kochkäse schon im kleinen Stil produziert und ihn mit Kübel und Schöpflöffel persönlich an die umliegenden Wirtshäuser vertrieben. Mittlerweile betreibt Mario Wiesner das Käsereihandwerk auf höchstem Niveau. 16 verschiedene Sorten Kochkäse stellt er heute her: Der traditionelle „Abkochte" ist der Fünfprozentige mit Kümmel, Salz und Pfeffer. Zu den neuen Sorten gehören der Fastenaufstrich, der Mozzarino und der Chili Cream. Mit dieser Auswahl sorgt Mario Wiesner heute für eine spannende, cremige Abwechslung auf den oberösterreichischen Jausentellern, die von einer zarten Würze bis hin zur mediterranen Schärfe reicht.

WIESNER
ABKOCHTER
5 % Fett
Wiesner
Natürlich frisch vom Käsemeister
nur 5% Fett ABSOLUT
Qualität aus ÖSTERREICH
Original
ABKOCHTER
℮ 275g
℮ 250 g
Kochkäse mager
Zutaten: 52% Sauermilchtopfen mit 0,1% Fett, Wasser, Speisesalz jodiert, Schmelzsalz (Natriumpolyphosphat), Gewürze
Wiesner
Natürlich frisch vom Käsemeister
Ital. Kräuter

Design aus der Natur

Mit Weidenstäben gefertigte Sofamöbel, aus Ästen gebogene Schaukelstühle und auf Wurzeln platzierte Beistelltische … Ernst Maier ist Tischlermeister, Wildholzkünstler, Handwerksdesigner – der Schatzmeister von Mutter Natur.
Während herkömmliche Holzmöbelproduzenten sich Bretter aus Baumstämmen zurechtschneiden, wobei jedes Astloch unbarmherzig als Makel entfarnt wird, ist es für Ernst Maier gerade der natürliche Wuchs des Holzes, der ihn zu seinen ungewöhnlichen Entwürfen inspiriert. „Ich richte mich stets nach dem Design der Natur und greife nur dort korrigierend ein, wo es wirklich notwendig ist", erzählt der kreative Möbelmacher. Auf diese Weise werden die Charakteristika der verwendeten Materialien, die durch Wind, Sonne, Regen und Wachstum entstanden sind, zu charmanten Schönheitssymbolen der fertigen Möbelunikate. Das Besondere an Maiers Wildholzmöbeln ist, dass diese nicht nur ästhetisch, sondern auch funktionell und bequem sind. Dank seiner Handwerkskunst erscheinen die Materialien seiner Wohnkunststücke samtweich, trotz rauer Rinde. Edle Kombinationen mit Leder, Leinen oder Weidengeflechten sorgen für Gemütlichkeit. Dazu kommt die perfekte Anpassung an den menschlichen Körper, zum Beispiel durch spezielle Lendenwirbelstützen, die gesunden Sitzkomfort gewährleisten.
Ernst Maier liebt ungewöhnliche Effekte, optische wie auch praktische. So versieht er schon mal Stehlampen mit rustikalen Seilzügen oder kreiert Themensessel entsprechend den Hobbys seiner Auftraggeber, nach Wunsch sogar aus dem Lieblingsapfelbaum aus deren Garten. Individuell und einzigartig, so wie der Mensch selbst.

Wohnwerkstatt Maier
Ernst Maier

Breitenschützing 18
A-4691 Schlatt

Telefon 00 43 (0) 76 73 / 48 38
Telefax 00 43 (0) 76 73 / 48 38-30
www.wohnwerkstatt-maier.at

Salzkammergut – Kaiserliche Manufakturen

Schon der Name der Region gibt einen Hinweis auf ihre Geschichte: Salzkammergut. „Kammergut" bezeichnet einen Landesteil, der direkter Besitz des Landesherrn war, in diesem Fall des Hauses Habsburg. Den zweiten Baustein zum Namen der Region lieferte ihr sagenhafter Reichtum an Salz, der dazu beitrug, dass das Gebiet seit jeher heiß umkämpft war; so sehr, dass es weder politisch noch geografisch jemals eine Einheit bildete. Noch heute ist das Salzkammergut auf drei österreichische Bundesländer aufgeteilt. Sein größter Teil liegt in Oberösterreich, umrahmt von einer eindrucksvollen, majestätischen Gebirgslandschaft. Den größten Anteil an der atemberaubenden Schönheit des Salzkammerguts tragen aber seine glasklaren Seen mit klingenden Namen wie Hallstätter See, Attersee, Wolfgangsee, Mondsee, Fuschlsee und viele mehr. Der Traunsee gilt mit seinen über 190 Metern Tiefe als der tiefste See Österreichs. „Lacus felix", der glückliche See, wurde er einst von den Römern genannt. Sein Umfeld prägte und förderte über Jahrhunderte das Handwerk der Region, denn über ihn wurde seinerzeit das in Hallstatt gewonnene Salz mit Schiffen nach Gmunden, dem Standort des Salzamts und der Sudhäuser gebracht. Schon in der Vergangenheit geizte die Traunseeregion nicht mit ihren landschaftlichen Reizen, so gelangten die ersten schwärmerischen Berichte über das Juwel inmitten der Berge Ende des 18. Jahrhunderts in die Reichshauptstadt Wien. Angeregt durch verlockende Erzählungen fand sich bald der halbe Hofstaat in Bad Ischl ein und machte den heutigen Kurort zu einer Stadt mit internationalem Flair. Dank Franz Marischkas berühmter Sisi-Trilogie, ist die weitere Entwicklung der Geschichte legendär: In Bad Ischl fand im Jahr

1853 die erste Begegnung Franz Josephs mit der zukünftigen Kaiserin Elisabeth statt und nur einen Tag darauf die überraschende Verlobung. Von da an verbrachte auch der kaiserliche Hof den Sommer regelmäßig am Traunsee. Unter den aristokratischen Urlaubern wurde es zur Mode, sich – in gemäßigter Form – von der bodenständigen Kultur der Einheimischen beeinflussen zu lassen, so auch von ihrer „pittoresken Staffage". Darunter verstand man die Kleidung der Unterschichten, die heute gemeinhin als „Tracht" bezeichnet wird. Bereits im 19. Jahrhundert begnügte man sich nicht damit, das getragene „G'wand" der Ortsansässigen zu betrachten, man begann es selbst zu tragen. Als prominente Liebhaber und Träger des G'wands der Einheimischen galten Erzherzog Johann und Kaiser Franz Joseph I. In einer Zeit, als Klassenunterschiede die Gesellschaft prägten, trugen sie mit diesem Statement zu dessen Aufwertung bei und machten es salonfähig. Damals wie heute sorgten im Salzkammergut Hutmacher für entsprechende Kopfbedeckungen, staffierten Maßschneider Herren mit Steireranzügen und Gamsfrackerl aus, fertigten Dirndlschneiderinnen den „Leibkittl" mit Schürze, der ab dem späten 19. Jahrhundert von den Sommerfrischlern „Dirndl" genannt wurde und erzeugten Schuhmacher den Goiserer, den zwiegenähten, handgemachten Maßschuh, der bereits Kaiserin Elisabeths zarte Füße zierte. Obwohl die städtische Oberschicht sich an der ländlichen Idylle orientierte, wollte sie nicht auf ihren gewohnten Luxus verzichten. Ganze Villen, die oft mit schmiedeeisernen Geländern, großzügigen Veranden und reizvollen Kastenfenstern ausgestattet waren, mussten erbaut und eingerichtet werden – das Handwerk erlebte einen bemerkenswerten

Aufschwung. Aus allen Teilen der Monarchie und sogar über ihre Grenzen hinaus, strömten Handwerker ins Salzkammergut, um dort ihre Fertigkeiten dem Sommerfrischeadel zur Verfügung zu stellen. Diese Hochblüte wirkt in der Region nach bis in die Gegenwart: Noch immer ist die Dichte an Maß- und Dirndlschneidern, Hut- und Schuhmachern beachtlich. Darüber hinaus verfügt das Salzkammergut als eine der letzten Regionen über Experten einer Wohnkultur, in der sich, ähnlich wie beim G'wand, der städtisch-mondäne Einfluss mit ländlich-alpinem Pragmatismus mischte: Kachelöfen und Veranden gelten ebenso wie schmiedeeiserne Accessoires bis zum heutigen Tag als wichtige Bestandteile eines von der Sommerfrische beeinflussten Wohngefühls.

Nicht umsonst erklärte die UNESCO 1997 Teile des Salzkammerguts zum Weltkulturerbe. Eine Entscheidung, die durch die Naturlandschaft von einzigartiger Schönheit, die auch Zeugnis früher und kontinuierlicher menschlicher, wirtschaftlicher und kultureller Tätigkeiten ablegt, begründet wurde. Wahrlich treffen im Salzkammergut die Kultur der Gegenwart und Vergangenheit mit viel Stil und Gefühl zusammen: Hier wandelt man auf den Spuren der Hallstattzeit, dort begegnen einem auf Schritt und Tritt die Zeugnisse der k.u.k.-Monarchie. Nirgendwo anders als im Salzkammergut spürt man sie in Österreich so sehr: Die gelebte Tradition.

Bad Ischl

Florale Kunst mit Tiefgang

■ Liebevoll zieht Regina Graf in geschwungener Handschrift die Buchstaben eines berührenden Abschiedswortes über eine Trauerschleife. Später wird sie diese am von ihr gebundenen Blumengruß befestigen. „Seit Jahrtausenden gibt man einander Blumen im Leid. Als Zeichen der Liebe spenden sie Trost und helfen unglückliche Zeiten zu überdauern", weiß die Floristin. In ihrem charmanten Blumenfachgeschäft hat Regina Graf eine eigene kleine, friedvolle Welt geschaffen. Vor den Augen der Kunden entstehen hier blumige Kunstwerke aller Größen mit viel Gefühl und Tiefgang. „Der feinfühlige Umgang mit den Kundenwünschen ist bei unserer Arbeit das Wichtigste, schließlich ist der Abschiedsgruß auch ein großer Schritt der Trauerarbeit", berichtet Regina Graf. Der Blumensprache kommt dabei eine besondere Bedeutung zu. Am aussagekräftigsten ist wohl die rote Rose, die für die ewige Liebe steht, weiße Lilien wiederum symbolisieren die Auferstehung. „Ein Kranz sollte das Leben der zu verabschiedenden Person widerspiegeln und deren Persönlichkeit unterstreichen. Da macht es einen großen Unterschied, ob der Verstorbene ein bodenständiger Landwirt oder eine abenteuerlustige Weltreisende war", erklärt Graf. Entsprechend viel Zeit nimmt sie sich, ihre „Zielpersonen" in Gesprächen kennenzulernen. Viel Lebenserfahrung braucht es dazu, Feingefühl, aber auch Mut. „Für mich ist es jedes Mal aufs Neue eine Herausforderung, meine Kunden in dieser Ausnahmesituation zu begleiten, ihnen mit der richtigen Blumenauswahl Trost und Kraft zu spenden", erzählt die Oberösterreicherin.
In Ruhe wählt sie gemeinsam mit dem Kunden die individuell passenden Blumen und Texte aus.
Die Trauerschleifen werden von der Meisterin persönlich handgeschrieben.

Das Blumenreich
Regina Anna Graf

Wolfganger Straße 28
A-4820 Bad Ischl/Pfandl

Telefon 00 43 (0) 61 32 / 2 56 62
Telefax 00 43 (0) 61 32 / 2 56 62

Sinnliche Früchtchen

Frucht & Sinne Schokoladenmanufaktur
Christina und Thomas Kibler

Mühlberg 8
A-4890 Frankenmarkt

Telefon 00 43 (0) 76 84 / 2 02 38
Telefax 00 43 (0) 76 84 / 2 02 38-4
www.fruchtundsinne.at

Die unverfälschte Schönheit der bunten Früchte zaubert ein Strahlen in die Augen. Wie ein Sturm kitzelt der Duft der natürlichen Aromen in der Nase. Dann darf man endlich zugreifen. Ein knackiger Biss und am Gaumen entfaltet sich die geschmackliche Kreativität der besonderen Fruchtpralinen. „Frucht und Sinne" beansprucht tatsächlich alle Sinne. Seit 2005 veredeln Thomas und Christina Kibler feinste Trockenfrüchte mit Schokolade und greifen dabei auf eine innovative Gefriertrocknungsmethode zurück. Das Besondere daran ist, dass die Früchte ihr frisches Aussehen und alle Vitamine behalten und das Aroma sogar noch intensiviert wird. Mittlerweile umfasst das Sortiment Fruchtpralinen, Fruchtschokoladen und Naturfrüchte zum Naschen, auch in teils ungewöhnlichen Geschmacksrichtungen. „Unser Leitprodukt ist die Erdbeer-Praline, wir veredeln aber auch Himbeeren, Ribisel, Äpfel, Spargel oder Karotten", erzählen die Schokomacher. Pro Jahr verarbeiten sie in ihrer Manufaktur etwa zehn Tonnen Früchte, die zum größten Teil aus der eigenen Landwirtschaft stammen, der Rest aus der nächsten Umgebung. „Mit dem Markenzeichen ‚von hier natürlich' dokumentieren wir die regionale Qualität, und dass die Verarbeitung aus eigener Hand in unserem Haus passiert. An der Natur kann man nichts herumzaubern und schon gar nicht mit Geschmacksverstärkern, darum verläuft die Konservierung ohne den Einsatz jeglicher Zusatzstoffe", erklären die Oberösterreicher. Wer mehr über die Kunst der Fruchtpralinenherstellung erfahren möchte, dem sei ein Besuch der Schokofrüchte-Werkstatt ans Herz gelegt. Dabei geben Thomas und Christina Kibler nicht nur einen Einblick in die sinnliche Pralinenherstellung, sondern verführen ihre Gäste auch am Schokoladebrunnen zu einem völlig neuen Fruchterlebnis.

Aus Liebe zur Kunst

Auch wenn der Name dazu verleitet, die charmante Kunstgalerie von Berthold und Eva Moser andernorts zu vermuten, befindet sie sich in Wirklichkeit am Hauptplatz von Unterach. „2004 haben wir unsere Galerie tatsächlich am Klimtplatz mit herrlichem Blick auf den Attersee und das Höllengebirge eröffnet, mussten 2007 allerdings in größere Räumlichkeiten ausweichen. Den Namen haben wir einfach mitgenommen“, lacht Eva Moser. Mitgenommen hat das Ehepaar offensichtlich auch die beschauliche Landschaft, die hängt nämlich in unterschiedlichsten Variationen an den Wänden der Galerie: hier ein verträumtes Mädchen am Flussufer, dort die Idylle am See und daneben die romantische Berglandschaft. Stilecht, bei einem Glas Sekt, führt das Ehepaar durch sein Reich und plaudert dabei aus dem Nähkästchen: „Eigentlich haben wir uns auf kein einzelnes Gebiet spezialisiert. Bei uns findet man Kunst aus ganz Europa aus der Zeit von 1820 bis 1950, also von der Biedermeiermalerei über den Impressionismus bis zur Klassischen Moderne. Wir sammeln eher unbekannte Künstler, die in ihrer Arbeit aber ohne Weiteres mit den Großen mithalten können.“ Bei der Auswahl ihrer Exponate kommt den leidenschaftlichen Sammlern ihre 30-jährige Erfahrung zugute. So lange verbindet die beiden bereits ihre Liebe zur Kunst. Diese Leidenschaft macht aber keineswegs bei der Malerei halt, so finden sich in der Galerie neben anspruchsvollen Gemälden auch andere Kunstgegenstände wie Bronze- und Porzellanfiguren, antike Uhren und seltene Schmuckstücke. „Inzwischen haben wir auch der musikalischen Kunst einen Raum geschaffen und veranstalten hier regelmäßig Konzerte, vorrangig aus den Richtungen Soul, Blues und Jazz, mit durchaus positiver Resonanz“, freut sich Eva Moser.

Galerie Kunst am Klimtplatz
Berthold und Eva Moser

Hauptplatz 4
A-4866 Unterach am Attersee

Telefon 00 43 (0) 6 64 / 5 60 35 50
www.kunst-am-klimtplatz.at

Dem Handwerk ein Haus

HAND.WERK.HAUS
Schloss Neuwildenstein

Rudolf-von-Alt-Weg 6
A-4822 Bad Goisern

Telefon 00 43 (0) 61 35 / 5 08 00
www.handwerkhaus.at

Bad Goisern ist berühmt. Was die Musik betrifft, wegen eines Mannes, der den Ort in seinem Namen trägt. Was das Handwerk betrifft, wegen vieler Männer und Frauen, die eben dieses dort zum Teil schon seit Generationen meisterhaft ausüben. Einige der Spitzenhandwerkerinnen und -handwerker der Region, derzeit sind es 17 an der Zahl, haben sich zu einem Verein zusammengeschlossen, mit dem Ziel, den hohen Stellenwert ihrer traditionsreichen Berufe zu bewahren. Das HAND.WERK.HAUS im Schloss Neuwildenstein bietet diesen kreativen Schöpfern die Möglichkeit, ihre schönsten Werkstücke gemeinsam unter einem Dach zu präsentieren. Bereits von außen spiegelt das Gebäude regionalen Charme wider. Die gelungene Kombination von alter Substanz mit neuer Architektur wirkt offen für Neues und dennoch bedacht auf Tradition – genau wie die Handwerker der Region.

Einer von ihnen empfängt die Besucher gleich bei der Ankunft: Ein separierter Eingang führt in Manfred Pammingers Optik-Fachgeschäft. Dort präsentiert der Brillenmacher auf stylischen Holzregalen äußerst ungewöhnliche maßdesignte und handgefertigte Brillenfassungen. Dabei stechen jene aus den traditionellen Materialien des Salzkammerguts – Hirschhorn und Holz – besonders hervor.

Im Erdgeschoss geht es weiter ins „s'Gschäft", das eigentlich „Schatzkiste" heißen müsste, denn genau so kommt es einem beim Stöbern und Staunen vor. Hier gibt es einzigartige Handwerkskunst zum Anfassen und Mitnehmen. Neben Hüten, Trachtenbekleidung und handgefertigten Schuhen findet man auch Taschen, Accessoires und außergewöhnliche Schmuckstücke.

Bei einem silbernen Dirndl-Collier bleibt das Auge hängen, denn es wirkt jugendlich und edel zugleich. Die freundliche Beraterin hilft beim Probieren und beginnt auch gleich zu erzählen: „Das Collier hat der Goldschmied Herbert Trucker aus Weißenbach am Attersee designt. Der Herbert ist bekannt dafür, dass er in seinem Trachtenschmuck traditionelle Motive mit modernem Design verbindet."

Nun, wo der Hals so herrlich dekoriert ist, fehlt noch ein schicklicher Kopfschmuck. Die Wahl zwischen den vielen Trachtenhüten fällt schwer. Schlussendlich greift die Hand nach einem „Traunreiter". Die besondere Hutform mit dem schönen roten

FIRMA ROTHSCHÄDL
ISCHLER KERAMIK
Gast
Gast

Seidenfutter hebt sich von den anderen Meisterstücken aus Filz ab. „Franz Bittner Selection", verrät die goldene Inschrift. „Bittner gehört zu den traditionsreichsten Hutmanufakturen Österreichs. Die Familie war sogar Lieferant des kaiserlichen Hofs in Bad Ischl", hilft die nette Beraterin auf die Sprünge „aber Achtung, in diesem Fall ist das ein Herrenhut", fügt sie lachend hinzu. Im HAND.WERK.HAUS wird der Besucher auf charmante Art über die meisterlichen Betriebe der Region informiert. G'schichtln zum Handwerk und Hintergrundwissen über verwendete Materialien und Produkte wecken das Bewusstsein für Qualität und nachhaltige Wertschöpfung. Im ersten Stock etwa erfährt man, dass in St. Georgen am Attersee auch deswegen die Zeit nicht stehen bleibt, weil dort Barbara und Florian Dostal zu Hause sind. Die jungen Uhrmacher haben sich auf die Revitalisierung alter Uhren spezialisiert und restaurieren jede Feinmechanik, die ihnen unter die Finger kommt – von der rustikalen Wanduhr bis hin zur barocken Taschenuhr.
Ebenso bekannt für feinste Maßarbeit sind Georg und René Haselnus. Allerdings arbeiten diese beiden Herren bevorzugt mit Nadel und Zwirn. Der Name Haselnus gilt im Salzkammergut beinahe schon als Synonym für die Pracht der Tracht.
Nicht zuletzt gibt der Rundgang im HAND.WERK.HAUS einen interessanten Einblick in das Thema Wohnkultur, die sich im Salzkammergut vor allem dadurch auszeichnet, dass sich der städtisch-mondäne Einfluss mit ländlich-alpinem Pragmatismus mischt. Albert Gassner aus Bad Ischl zum Beispiel liefert mit seinen Kasten- und Pfostenstockfenstern die optimale Lösung für die originalgetreue Renovierung von Altbauten, setzt mit diesen aber auch viele Neubauten effektvoll in Szene.
Warm ums Herz wird dem Besucher bei den Produkten von Elisabeth Putz: Im Salzkammergut, wo die Sommer kurz und die Winter lang und kühl sind, gehören die Kachelöfen der Firma Rothschädl zu den festen Bestandteilen der Einrichtung eines Hauses. Für Wellness im Wohnbereich sorgt Johannes Stockinger. Der Tischler kreiert einzigartige Werkstücke in allen Variationen. Dass seiner Kreativität keine Grenzen gesetzt sind, zeigt zum Beispiel sein witziges Plumpsklo. In dieser Wohnidee verpackt er gekonnt moderne Technik in nostalgisches Ambiente.
Noch ein letzter Blick ins stimmungsvolle Dachgeschoss, das für Veranstaltungen wie Lesungen oder Vernissagen gemietet werden kann, dann ist die Entdeckungsreise für dieses Mal zu Ende. Ein weiterer Besuch ist schon geplant, vielleicht sogar in Verbindung mit der „Goiserer Hand. Werk.Führung", die nach Voranmeldung angeboten wird.

Der Goiserer – Ein Schuh, ein Mythos

Schuhe nach Maß Steflitsch-Hackl
Orth. Schuhe – alle Kassen
KomR. Rudolf Steflitsch-Hackl

Untere Marktstraße 38
A-4822 Bad Goisern

Telefon 00 43 (0) 61 35 / 82 27
Telefax 00 43 (0) 61 35 / 82 27
www.goiserer.at

„Pack' deine Goiserer ein, wir gehen auf den Berg!" Im ganzen Alpenland und weit darüber hinaus steht der Goiserer seit jeher als Synonym für robuste Bergschuhe. In Wirklichkeit können Goiserer aber so unterschiedlich sein wie ihre Träger selbst. Es gibt sie nicht nur als Bergschuhe, sondern genauso im modischen Trachtenlook oder als bequeme Halbschuhe für Damen und Herren. In Farbe, Modell, Schnitt, Besohlung und Dekor stehen alle Variationsmöglichkeiten frei. Drei Eigenschaften haben aber alle Goiserer gemein: Sie sind handgefertigt, nach Maß und zwiegenäht.
Vom Erfinder des Goiserer persönlich lernten die Steflitsch-Schuster ihr Handwerk. Heute ist Rudolf Steflitsch-Hackl der einzige, der die Traditionen der Goiserer Schuhmacherkunst weiterleben lässt, in derselben malerischen Werkstatt in Bad Goisern, wo schon sein Vater und Großvater tätig waren.
Damals wie heute wird dort von jedem Kunden ein Leisten angefertigt, ein nachgeformter Fuß, der als Modell für die neuen Schuhe dient. So hat Rudolf Steflitsch-Hackl für Nachbestellungen mittlerweile Legionen von Leistenpaaren archiviert, darunter sogar jenes historische der Kaiserin Sisi, das auch in dieser Werkstatt entstanden ist.
Ist der Leisten einmal angefertigt, macht sich der Schuhmachermeister an die Verarbeitung der Lederteile. Natürlich per Hand, denn die Arbeitsprozesse, Techniken und Naturmaterialien sind durch die Jahrzehnte der Geschichte gleich geblieben. Auch das Produkt, der Goiserer selbst, jeder für sich ein echtes Einzelstück, hat sich kaum verändert. „Manche Dinge können einfach nicht verbessert werden", lacht der Kommerzialrat.

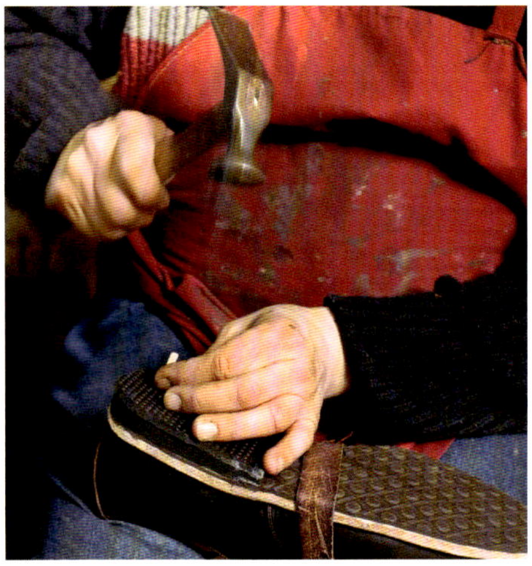

G'wandformen neu inszeniert

Wenn aus dem lichtdurchfluteten Obergeschoss des HAND.WERK. HAUS. kubanische Rhythmen zu hören sind, befindet sich Ulli Salveter wahrscheinlich gerade in der Schaffensphase. Unter dem Motto „Bodenständiges und Überliefertes sind die wertvollen Zutaten für die Neuinszenierung einer selbstverständlichen G'wandform", verpackt die sympathische Schneiderin im Label „Vetsera" ihre Leidenschaft für die romantische Kaiserzeit und ihr Faible für traditionelle Werte. „Die historischen Schnitte dafür sind noch Relikte meiner Lehrzeit in der Firma Perfaller", verrät die Designerin, die in einer der renommiertesten Schneidereien Österreichs gelernt und 2008 den Sprung in die Selbstständigkeit gewagt hat. „Für mich hat Präzision oberste Priorität, deswegen mache ich auch fast alle Arbeiten mit der Hand, Knopflöcher, Säume, aber auch uralte Aufputze, die heute beinahe keiner mehr kennt", erklärt die engagierte Schneiderin. Auf vielen Kleiderpuppen präsentiert Ulli Salveter im „HAND.WERK. HAUS." schöne Stücke ihrer Kollektionen. Brautkleider, Dirndlkleider, Umhänge, Taschen und Blusen … in jedem Werkstück steckt das Gefühl der Erschafferin. Ein Gefühl, das für den späteren Träger spürbar wird, weil Ulli Salveter das G'wand auf den Leib ihrer Kunden schneidert, es abstimmt auf Typ, Figur und Vorlieben, sodass es am Ende sitzt wie eine zweite Haut. Der Salveter-Stil ist ursprünglich, edel und offen für Neues zugleich. Am liebsten verwendet die Schneiderin Naturmaterialien und Knöpfe aus Perlmutt oder Silber, manchmal aus ihrer eigenen umfassenden Sammlung. „Ich freue mich immer, wenn mir Kunden und Freunde alte Knöpfe vorbeibringen", schmunzelt die begeisterte Sammlerin, die auf ihre eigene Art versucht, Beständigkeit in unsere kurzlebige Zeit zu bringen.

Dirndlwerkstatt Ulli Salveter
HAND.WERK.HAUS Salzkammergut

Rudolf-von-Alt-Weg 6
A-4822 Bad Goisern

Telefon 00 43 (0) 6 99 / 11 48 50 33
www.dirndlwerkstatt.cc

Meisterliche Glanzpunkte

Möbelrestaurator – Vergolder – Bildhauer – Fachwerkstätte
Johannes und Anna Maria Hederer

Lindaustraße 28
A-4820 Bad Ischl

Telefon 00 43 (0) 61 32 / 2 59 20
Telefax 00 43 (0) 61 32 / 2 59 20

Sie ist Meisterin in den Bereichen Vergoldung und Staffierung. Er ist der Spezialist für Massivholztischlerei und Möbelrestaurierung. Nicht nur privat, sondern auch beruflich ergänzen sich Johannes und Anna Hederer prächtig.
In diesem Moment restauriert Anna im vorderen Teil der Werkstatt einen historischen Bilderrahmen. Mit dem Anschießer nimmt sie ein hauchdünnes Goldblatt auf. Die Meisterin hält den Atem an, denn bei der Polimentvergoldung ist größte Sorgfalt gefragt. Schon Tage zuvor hat sie die von ihr ausgeführten Schnitzergänzungen mit einem Kreidegrund versehen, ihn gründlich geschliffen, Details mit dem Gravierhaken repariert und in aufwendiger Arbeit das sogenannte Poliment aufgetragen. Später, wenn die Fläche mit Gold bedeckt ist, wird sie den Rahmen mit dem Achatstein polieren, sodass er den besonderen Glanz erhält, der nur durch diese Technik erzeugt werden kann.

Währenddessen arbeitet Johannes nebenan an einem Biedermeier-Sessel. Es riecht nach Knochenleim. Gerne erklärt er seine Arbeitsschritte: „Hier müssen Furniere ergänzt und neu geleimt werden. Die fehlenden Teile habe ich bereits in derselben Holzart, die auch von der Maserung passt, nachgebaut, denn die Rekonstruktionen dürfen später nicht erkannt werden.“ Schlussendlich wird eine aufwendige Schellack-Politur dem Sessel seinen Glanz verleihen. „Bei einer Restaurierung wird so wenig wie möglich erneuert“, erklärt Johannes, „am Möbel wird geschliffen, aufgefrischt, gehobelt und geschnitten.“ Eventuell muss sogar geschnitzt werden, da legt dann Anna als ausgebildete Bildhauerin wieder Hand an. Gemeinsam hat das Paar schon viele Projekte realisiert. So trägt zum Beispiel das Chor-Orgel-Gehäuse der Stiftskirche Lambach ihre Handschrift, genauso wie die Weihnachtskrippe, die jährlich zur Adventszeit die Wiener Bartholomäusapotheke schmückt.

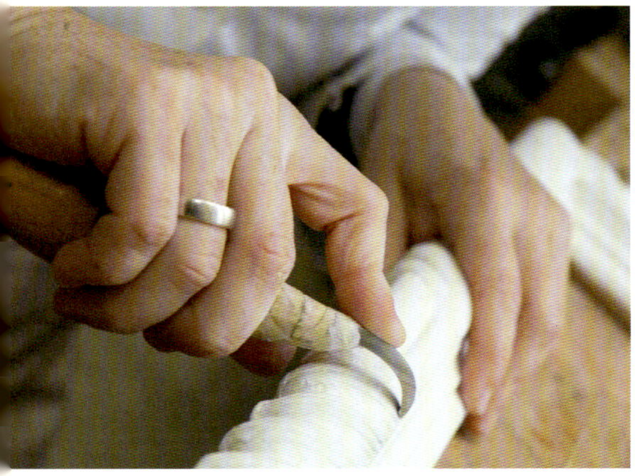

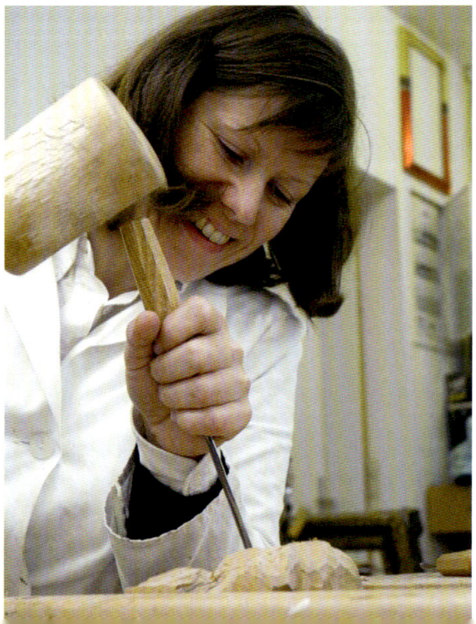

Vin
Santé

Mit Stilsicherheit „very british"

Ein verwunschener Garten, wie aus dem Märchen und ein nostalgisches Geschäft, voll mit so vielen schönen und feinen Dingen, dass man aus dem Staunen nicht mehr herauskommt. Mitten im Salzkammergut haben Udo und Susy Haustein eine britisch angehauchte Wunderwelt geschaffen, die man hier nicht erwartet hätte, die aber perfekt in die landschaftliche Idylle der Region passt. Kein Wunder, das Paar hat einfach ein Gespür dafür, wie sich Dinge gut ergänzen. Ein Gespür, das sich zuallererst in ihrem Schaugarten widerspiegelt: Englische Rosen, wohin man blickt, dazwischen rustikale Tröge. Unter dem sanften Blick lächelnder Engel spaziert der Besucher auf einem nicht enden wollenden bezaubernden Pfad, vorbei an Frauenmantel, Katzenminze und Hortensien. Es duftet verführerisch nach Moschus. „Der Duft kommt von der Ghislaine, meiner Lieblingsrose", schmunzelt Udo Haustein, der es sich zum Beruf gemacht hat, Gärten zu gestalten und sie liebevoll zu pflegen. Dazu braucht es vor allem Leidenschaft und die Fähigkeit Träume zu verwirklichen. Beide Eigenschaften sind bei Susy und Udo Haustein ohne Frage vorhanden. Wie sonst hätten es die beiden auch geschafft, sich von ihrem Alltag in Sachsen zu verabschieden, um im fernen Unterach am Attersee das zu tun, was ihnen am meisten Freude bereitet: aus Häusern ein Zuhause zu machen und all die Dinge zu managen, die im Laufe der Planung einer persönlichen Wunderwelt bei anderen anfallen. Ihren Sinn für Stil und guten Geschmack beweist Susy Haustein in der Dekoration des „Englischen Ladens", der ihre ganz persönliche Handschrift trägt. Dort hat sie Möbel, Textilien, Düfte und Spielzeug so herzlich arrangiert, dass man diesen Ort am liebsten nicht mehr verlassen würde. Auf jeden Fall nicht, ohne etwas mitzunehmen.

Der Englische Laden – Home und Garten
Udo und Susy Haustein

Mitterfeldweg 24
A-4866 Unterach am Attersee

Telefon 00 43 (0) 6 64 / 5 60 84 51
www.der-englische-laden.at

Epochale Tonkunst

Keramik Hallstatt
Gschwandtner OG

Seelände 54
A-4830 Hallstatt

Telefon 00 43 (0) 61 34 / 82 19
Telefax 00 43 (0) 61 34 / 87 81
www.keramikhallstatt.com

Seit Menschengedenken spielt das Keramikhandwerk im Salzkammergut eine Rolle, prägte sogar eine Epoche mit: die Hallstattzeit. Heute erfreuen sich die Produkte der Hallstätter Keramikkunst mehr denn je größter Beliebtheit. „Zwar fertigen wir immer noch Gebrauchsgegenstände wie Kachelöfen, hauptsächlich aber Dekorationsobjekte", erzählt Thomas Gschwandtner, der den Familienbetrieb im Jahr 2002 gemeinsam mit seinem Bruder Peter übernommen hat. Tatsächlich präsentiert sich die Hallstätter Werkstatt als wahre Schatzkiste, gefüllt mit unterschiedlichsten Keramikschmuckstücken. „Das ist nur eine kleine Auswahl, mehr davon gibt es in unseren Verkaufslokalen in Hallstatt und Bad Ischl", wirft Thomas Gschwandtner ein. Bereitwillig gibt der Keramiker Einblick in seinen Arbeitsalltag: „Unseren Ton, den wir zum Teil selbst machen, graben wir persönlich in Goisern und Gmunden aus." In den Werkräumen stapeln sich hunderte Tonobjekte die auf ihre Fertigstellung warten. „Im Unterschied zu Keramikfabriken, wo in Formen gegossen wird, drehen wir alle unsere Gefäße per Hand auf der Töpferscheibe. Wenn das Material lederhart ist, wird es abgedreht, geglättet und gehenkelt und muss an der Luft trocknen, bevor das Werkstück das erste Mal gebrannt werden kann." Erst danach werden die rohgebrannten Teile glasiert und mit dem Pinsel per Hand dekoriert. „Wir verwenden traditionelle Dekorationen, die noch von Prof. Gudrun Wittke-Baudisch stammen, entwickeln aber ständig neue Designs", verrät der Keramiker. Baudisch, die bedeutende Bildhauerin und Gründerin der Keramik Hallstatt, entwarf bereits in den 1960er-Jahren Dekorationen für die Gmundner Keramik. Auf sie gehen auch die berühmten Goldverzierungen der Hallstätter Keramik zurück. „Wie diese Technik funktioniert, bleibt aber ein gut behütetes Familiengeheimnis", schmunzelt Gschwandtner.

Traunsee

Funktion und Design im Einklang

Das Hauptportal der Kalvarienbergkirche in St. Georgen im Attergau erstrahlt mit seinem schönen Oberlichtgitter, dem originalen Türschloss und den alten Beschlägen aus dem 18. Jahrhundert in ursprünglicher Schönheit – zu einem großen Teil auch dank Kurt Oberwanger. 2004 wurde der mehrfache oberösterreichische Handwerkspreisträger für Restaurierung und Reproduktion nämlich für die Restaurierung dieses Portals ausgezeichnet.

Laut und heiß ist es in der Werkstatt am Attersee, die bereits seit vier Generationen besteht und sich in dieser Zeit von einer Huf- und Wagenschmiede zur Kunstschmiede entwickelt hat. Trotzdem behält Kurt Oberwanger einen kühlen Kopf, denn er ist vor allem für die Entwürfe der Kunstschmiedearbeiten zuständig, die später von ihm und seinen Mitarbeitern in traditionellen und modernen Techniken aus Eisen und Schmiedebronze gefertigt werden. Dazu zählen unter anderem Stiegen- und Fenstergitter, Gartentore und -zäune, Beleuchtungskörper, Brunnen und Grabkreuze. Letztere liegen dem Schmied vom Attersee ganz besonders am Herzen: „Geschmiedete Grabzeichen vereinen handwerkliches Geschick und tiefgründige Symbolik. Was gibt es Schöneres, um den Toten ein ehrendes Andenken zu setzen?" Dass bei Oberwanger alle Grabkreuze einzeln in traditionellen Techniken gefertigt werden, versteht sich von selbst. „Das Wesen des Verstorbenen kann nicht durch das Produkt einer Serienfertigung, sondern nur in der schöpferischen Arbeit des Handwerks zum Ausdruck kommen", ist er sich sicher. Zum weiteren Angebot der Schmiede gehören unterschiedlichste Restaurierungsarbeiten. „Kirchenumbauten zählen zu meinen interessantesten Aufgaben", erzählt Oberwanger, der eine Zusatzausbildung zum handwerklichen Restaurator besitzt.

Kunstschmiede Oberwanger
Kurt Oberwanger

Amboss-Straße 2
A-4852 Weyregg am Attersee

Telefon 00 43 (0) 76 64 / 22 48-0
Telefax 00 43 (0) 76 64 / 22 48-9
www.kunstschmiede-oberwanger.at

Behaglichkeit für alle Sinne

P. Böckl Ofenbau und Fliesen

Doblergasse 20
A-4880 St. Georgen im Attergau

Telefon 00 43 (0) 76 67 / 6 34 40
Telefax 00 43 (0) 76 67 / 6 34 44
www.boeckl.co.at

Im „Ofenbaustudio Böckl" wird dem Besucher mehr als sprichwörtlich warm ums Herz, denn dort lassen sich Kachelöfen mit allen Sinnen erleben. Ob avantgardistisch oder traditionell rustikal, gemütlich mediterran oder stylish mit Sichttüren, die den Blick auf das Feuer freigeben – man kommt aus dem Staunen über die vielfältigen Gestaltungsmöglichkeiten nicht mehr heraus. Die milde Strahlungswärme umschmeichelt den Körper, der wohlige Geruch von Holz hängt in der Luft, Scheite knistern in der Glut. „Es ist ein gutes Gefühl behagliches Wohnen zu genießen, oder?", fragt Peter Böckl, obwohl er die Antwort auf diese Frage kennt. Schließlich ist das der Leitsatz des Handwerkers, der auch gleichzeitig Landesinnungsmeister der Oberösterreichischen Hafnermeister ist. So ist es auch nicht verwunderlich, dass der Experte genug über den Hafnerberuf zu berichten weiß: „Der Hafner ist heute viel mehr als ein Wärmefachmann. Er ist professioneller Handwerker und Raumgestalter in einer Person. Einen hohen Stellenwert nimmt die Beratung ein, denn nur so können die Anforderungen der Kunden optimal umgesetzt und in die Planung einbezogen werden." Seit 1908 besteht das Unternehmen „Böckl" bereits. „Heute beschäftigen wir uns mit der handwerklichen Versetzung von Kachelöfen, Kaminen, Herden, Specksteinöfen und Ganzhausheizungen direkt beim Kunden", zählt Peter Böckl das umfangreiche Portfolio seines Betriebs auf und fügt noch hinzu, „darüber hinaus verlegen wir Fliesen und Platten in allen Variationen und bauen auch Dampfbäder." Ein Handwerk mit Zukunft, denn alternative Heizmethoden liegen mehr denn je im Trend. Das kann auch Peter Böckl bestätigen: „Kachelöfen sind beliebt, weil sie einen optischen Gewinn bringen und sie der Betrieb mit Holz zu einer unabhängigen, umweltbewussten und gesunden Heizform macht."

Profis decken alles ab

Am Weg nach Pinsdorf legen wir einen Abstecher im Schloss Neuwildenstein ein. Bilder zeugen hier noch von der architektonisch spannenden temporären Dachkonstruktion, die den historischen Innenhof im Zuge der Landesausstellung 2008 bedeckte. „Für dieses technische Kunststück wurde die Firma ‚Planen Meisel' mit einem Handwerkspreis bedacht", werden wir aufgeklärt. Auf der weiteren Fahrt begegnen wir unterschiedlichsten Fahrzeugen, vom LKW bis hin zum Cabrio. Die Vermutung, dass auch ihre Planen beziehungsweise Verdecke aus der Produktion der Firma Meisel stammen, liegt nahe. Am Ufer des Traunsees ankern edle Boote, teils mit Persenningen – wahrscheinlich aus dem Hause Meisel. Den Fußgängerübergang quert ein Mädchen. An ihren Hüften schlenkert eine stylische Handtasche: Marke Meisel. Endlich in Pinsdorf auf dem riesigen Firmenareal angekommen, sprechen wir Hermann Meisel auf die Allgegenwärtigkeit seiner Produkte an.

„Das stimmt, schließlich lautet unser Slogan auch: Wir decken alles ab!", lacht der Unternehmer. Davon kann man sich in den Ausstellungsräumen des modernen Betriebs, zu dem ebenso eine Produktionshalle und ein großer Abstellplatz für LKWs gehören, selbst überzeugen: Die Produktpalette beginnt bei PKW-, LKW- und Anhängerplanen. Häufig handelt es sich dabei um individuelle Sonderanfertigungen. Ein weiterer Schwerpunkt liegt in der Sattlerei. „Ob Boote oder Autos, wir kümmern uns um jedes Schmuckstück, dazu gehört auch die Innentapezierung von Booten", berichtet Hermann Meisel. Die Vielseitigkeit setzt sich im Wohnbereich bei Möbel-, Wand- oder Großtapezierungen fort. Dasselbe gilt für Sonnenschutz: ob Markisen, Wintergartenbeschattungen, Sonnensegel oder Großflächenüberdachungen wie zum Beispiel im Schloss Ort in Gmunden. Fest steht: Meisel bürgt für Passgenauigkeit und höchste Qualität. Und das seit mehr als 120 Jahren.

Planen Meisel
Hermann Meisel

Wiesenstraße 28
A-4812 Pinsdorf

Telefon 00 43 (0) 76 12 / 6 20 61
Telefax 00 43 (0) 76 12 / 6 20 61-20
www.planen-meisel.at

Treffpunkt Natur

Naturmuseum –
Naturdesign Salzkammergut
Stefan Gratzer

Langwieserstraße 111
A-4802 Ebensee

Telefon 00 43 (0) 61 33 / 32 18
Telefax 00 43 (0) 61 33 / 32 18-4
www.naturmuseum.at
www.naturdesign.at

Als besonders naturbelassener Landstrich gibt das Salzkammergut einer Vielzahl seltener Tiere und Pflanzen Heimat und bildet für so manche auch die letzte Zufluchtsstätte. Einen großen Teil dieser Alpenbewohner zeigt das „Naturmuseum Salzkammergut".
Unter dem Motto „Entdecken, Begreifen und Inspirieren" verfolgt Stefan Gratzer mit seiner privaten Museumsinitiative seit 2009 das Ziel, seine Mitmenschen mit unüberbietbar lebensechten Darstellungen und Dioramen für Naturthemen zu sensibilisieren. Dabei ist die künstlerische Komponente nicht zu unterschätzen, denn um die Harmonie zwischen Hintergrund und Objekt zu erreichen, braucht es viel Gefühl für Formen und Ästhetik. Talente, die Stefan Gratzer früh an sich entdeckte: Kaum zu glauben, aber das Gefühl für Dreidimensionalität hat der Tierpräparator beim Schokoladeschnitzen gelernt: „Ursprünglich habe ich den Konditorberuf erlernt und das Präparatorenhandwerk autodidaktisch in meiner Freizeit perfektioniert", bestätigt der Naturliebhaber lachend. 1992 hat er schließlich die Präparatormeisterprüfung mit Auszeichnung bestanden. Heute versteht er es, mit komplexen Techniken, Lebewesen ein Stück Unsterblichkeit zu verleihen. Neben temporären Sonderschauen, mit denen der Naturdesigner das ganze Jahr über abwechslungsreiche Themenschwerpunkte setzt, gibt es eine Dauerausstellung, die der Einteilung nach Lebensräumen folgt. In ihrem Mittelpunkt stehen die Bergwelt als Lebensraum für gefährdete Arten, Wald- und Flurgebiete, Flüsse, Seen und Feuchtgebiete, ökologische Nischen wie Schottergruben und Steinbrüche, aber auch Städte und Dörfer. Zusätzlich rückt ein großer Außenbereich mit Naturgarten, Lehrpfad, Biotop und Schmetterlingsstation die lebenden Tiere und Pflanzen ins Zentrum des Geschehens und gibt die Möglichkeit zur Beobachtung und Naturfotografie.

Dialog wird Gestalt

Goldschmiede-Atelier Schodterer
Gerold Schodterer

Pfarrgasse 11
A-4820 Bad Ischl

Telefon 00 43 (0) 61 32 / 23 72 90
Mobil 00 43 (0) 6 64 / 3 57 50 04
www.schodterer.at

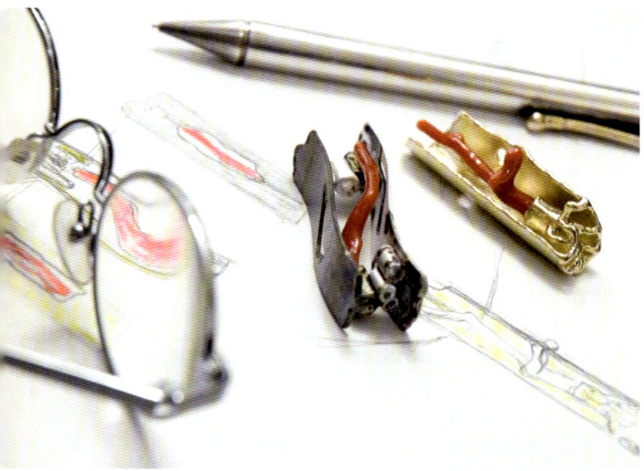

In den edlen Holzvitrinen des „Goldschmiede-Ateliers Schodterer" ziehen ungewöhnliche Schmuck-Unikate die Besucher des Ateliers in ihren Bann. Neugierig spähen sie immer wieder auf die vom Geschäft einsehbare Werkbank. Dort spielt der Goldschmied gerade mit dem Feuer, denn durch das Anschmelzen der Oberflächen verleiht der Künstler seinen Arbeiten ihren unverwechselbaren Stil. „Auf diese Weise belebt der Zufall die handwerkliche Präzision und die Seele der Metalle dringt nach außen", erklärt Gerold Schodterer und führt das Thema sogleich weiter auf seinen interessanten künstlerischen Leitgedanken: „Dialog wird Gestalt".
Dialog bedeutet für den Oberösterreicher nicht nur das intensive Gespräch mit seinen Auftraggebern, deren persönliche Geschichten er gerne in die Formgebung seiner Schmuckstücke mit einbezieht, sondern auch den Dialog mit der Natur. Vor ihr hat Gerold Schodterer den größten Respekt und verarbeitet überwiegend Edelsteine im Rohzustand, erweitert die Spuren, welche die Natur in den Steinen hinterlassen hat, indem er zum Beispiel Mineralienstränge in Ringe fortfließen lässt oder linienförmige Einschlüsse in Sonnenstrahlen verwandelt.
Unterstrichen wird der tiefere Sinn seiner Werke durch selbst verfasste lyrische Begleittexte, die der wortgewandte Künstler hin und wieder seinen fertigen Arbeiten beilegt. Auch diese berührenden Botschaften tragen dazu bei, dass Gerold Schodterers Kreationen für die meisten seiner Kunden zu liebgewonnenen Lebensbegleitern werden.

Verschmelzung

Es ist der Liebe wahres Wesen
Oberfläche zu durchdringen
Vorurteile aufzulösen
inn're Bereitschaft uns zu bringen
Um in der Transparenz des Seins
Widersprüche zu erfassen
und zu entdecken, dass wir EINS
wenn das Versteckenspiel wir lassen

Stammbaum Wibmer
Hoanzer
Rupert Wibmer
†1694
Anna Trager
Johann Wibmer
†1730
25.6.1681
Ursula Steiner
Georg Wibmer
†1761
26.6.1721
Katharina Ruggenthaler
Ignaz Wibmer
*1.8.1729 †17.6.1810
20.5.1756
Helene Riegler
Ignaz Wibmer
*30.7.1760 †13.5.1814
31.1.1785
Elisabeth Klaunzer
Heinrich Wibmer
*15.7.1787 †17.8.1865
10.3.1812
Ursula Feutsch
Bartholomäus Wibmer
*20.8.1825 †7.8.1865
13.3.1855
Ursula Wibmer
Peter Wibmer
*30.3.1858 †20.4.1923
28.2.1881
Johanna Ruggenthaler
Paul Wibmer
*4.7.1894 †1.9.1977
Maria Ranacher
Anna Wurnitsch
Loise Wibmer
Sepp Hatzer
Stammbaum-Atelier Rosenlechner

Kunstvoll zurück zu den Wurzeln

Immer mehr Menschen suchen heute nach den Wurzeln ihrer Familie und betreiben Ahnenforschung. Dazu begeben sie sich auf eine Reise in die Vergangenheit, die geprägt ist von mühevoller Recherchetätigkeit. Am Ende der spannenden Spurensuche steht für viele Ahnenforscher ein Besuch in Oberwang, wo Franz und Regina Rosenlechner ein seltenes Handwerk ausüben: die alte Kunst des Stammbaummalens.
In Österreichs einzigem Stammbaumatelier weisen prächtige Ahnentafeln an den Wänden den Weg in den ersten Stock, wo sich die Geburtsstätte der kunstvollen Familiendokumente befindet. Seit 1992 zeichnet das Ehepaar hier für Kunden aus dem In- und Ausland Stammbäume höchster Güte. Ein jeder von ihnen ist ein Gemeinschaftswerk, ein perfektes Zusammenspiel von Technik und Kunst.
Während Franz Rosenlechner die Ornamenttafeln am Computer designt, widmet sich seine Ehefrau Regina mit viel Liebe der farbenprächtigen Gestaltung der Bäume und Landschaften in Acryl. Dabei nehmen die beiden die künstlerische Umsetzung sehr genau, so stehen bei Schrifttypen, Heraldik und Malstilistik meist historische Vorbilder Pate.
Voller Leidenschaft erklären die Stammbaummaler die Vielfalt der Gestaltungsmöglichkeiten, vom Stammbaum über die Ahnentafel bis hin zur Hofchronik: Stammbäume in Eiche oder blühend, mit Früchten behängt, als kleine Tafel oder so groß wie das bisher umfangreichste Projekt des Ehepaares, der „Stammbaum der Menschheit". Dieser umfasst auf knapp 16 Quadratmetern die vier biblischen Jahrtausende von Adam bis Christus. Eine Abbildung davon befindet sich übrigens im persönlichen Buch der Rosenlechners, „Die Stammbaummaler", dessen Lektüre dazu verleitet, auch den kunstvollen Weg zurück zu den eigenen Wurzeln zu beschreiten.

**Atelier Rosenlechner –
Die Stammbaummaler**
Franz und Regina Rosenlechner

Großenschwandt 35
A-4882 Oberwang

Telefon 00 43 (0) 62 33 / 85 53
www.stammbaum-rosenlechner.at

Kunstvoll verschlossen

Von außen wirkt das Gebäude der „Bau- und Kunstschlosserei Wachter“ mit seinem entzückenden Erker, dem einladenden geschmiedeten Eingangsportal und dem nach alten Vorbildern gestalteten Ausstellungs-Pavillon aus Stahl-Glas mehr als beschaulich. Nichts ließe vermuten, wie heiß es gerade in der Schmiedewerkstatt des Unternehmens hergeht. Funken sprühen. Wolfgang Wachter, der den Betrieb 2006 von seinem Vater Franz übernommen hat, arbeitet gerade an einem wunderschönen, blütenverzierten Gartentor. „Schon im 19. Jahrhundert hat unsere Familie eine Schmiede in Frankenmarkt betrieben. Damals standen vor allem Pferdebeschlagungen, Wagenaufbauten und Reparaturen im Vordergrund. Heute liegt unser Schwerpunkt auf traditionellen und modernen Kunstschmiedearbeiten und sämtlichen Schlossertätigkeiten“, weiß Wachter über die jahrhundertealte Handwerkstradition seiner Familie zu berichten. Währenddessen biegt er mit einer Zange das glühende Metall zu eleganten Ranken. Später wird der Schlossermeister in das kunstvoll geschmiedete Tor noch romantische Metallblüten einschweißen. „Geschmiedete Tore und Türen sind wieder sehr beliebt, denn sie sehen nicht nur edel aus, sondern bieten auch einen optimalen Einbruchsschutz“, erklärt Wolfgang Wachter und fügt noch hinzu. „Wir fertigen aber nicht nur Tore im nostalgischen Stil, sondern auch modern geschmiedete mit elektrischen Antrieben“. Neben Gartentoren und -zäunen werden in der Schlosserei ebenso Fenstergitter, Zunftschilder, Leuchten, Carports, Pavillons und vieles mehr ganz nach Wunsch des Kunden hergestellt und in alle Teile Österreichs geliefert.

Wachter Bau- und Kunstschlosserei GmbH
Wolfgang Wachter

Steinleiten 37
A-4890 Frankenmarkt

Telefon 00 43 (0) 76 84 / 63 54
Telefax 00 43 (0) 76 84 / 63 54-4
www.wachter-metall.at

Traunviertel – Dort, wo das Christkind wohnt

■ Das Christkind hat die Postleitzahl A-4411. Das möchte man auf jeden Fall meinen, denn jährlich von Anfang Dezember bis einschließlich 06. Jänner gehen im Weihnachtspostamt im Traunviertel, genauer gesagt in Christkindl, einer Gemeinde im Bezirk Steyr, Millionen von Briefen und Karten aus aller Welt ein. Wunschzettel an das Christkind enthalten die Postsendungen jedoch selten, denn das eigentliche Ziel dahinter ist es, den jährlich wechselnden Weihnachts-Sonderstempel zu ergattern, der nicht nur Philatelisten große Freude bereitet.

Die Geschichte dahinter führt uns zurück ins 17. Jahrhundert. Damals nämlich stellte der an Epilepsie erkrankte Türmer und Kapellmeister Ferdinand Sertl ein kleines Jesuskind aus Wachs in die Höhlung einer Fichte, zu dem er täglich pilgerte und um Heilung betete. Es kam wie es kommen musste: Der Oberösterreicher wurde geheilt und lockte durch dieses Wunder so viele Wallfahrer in die Ortschaft, dass der Bau einer Kirche notwendig wurde. Ihr freistehender Hochaltar enthält als Kernstück den ursprünglichen Fichtenstamm und gilt als einzigartiges Stück Handwerkskunst des österreichischen Barock. In einem Schrein oberhalb des als Weltkugel geformten Tabernakels befindet sich das aus Wachs geformte Jesuskind. Noch heute ist diese Wallfahrtskirche in Christkindl ein beliebtes Pilgerziel im Traunviertel, dem südöstlichsten der vier Viertel Oberösterreichs. Benannt nach dem Fluss Traun, umfasst das Viertel das Gebiet der unteren Traun zwischen Donau, Enns, Alpenrand und Hausruck mit dem Attergau, der Welser Heide und der Traun-Enns-Platte. Ursprünglich befand sich die Region im Hauptbesitz der Traungauer Grafen und gehörte bis zum 13. Jahrhundert

zum Herzogtum Steiermark, bis es im sogenannten Vertrag von Ofen von der Steiermark abgetrennt und zum historischen Kern des „Landes ob der Enns", dem heutigen Oberösterreich, wurde. Obwohl die Region damit von ihrer wirtschaftlichen Basis, dem Erzberg getrennt wurde, bestätigte Herzog Albrecht I. der Stadt Steyr die alten Rechte im Handel und in der Verarbeitung des Eisens aus der Steiermark. Unter anderem erhielten die Steyrer das Stapelrecht für Holz und Eisen, das Stadt und Bürger reich machte. Mit ganz Europa unterhielt die Stadt Eisenhandelsbeziehungen, die Punze mit dem Panther galt damals als Zeichen für Qualität „Made in Steyr". In der Folge zog es eine Vielzahl Metall verarbeitender Handwerker, hauptsächlich aus Nürnberg, in das Traunviertel: Harnischmacher, Klingenschmiede und Messerer.

Nach wie vor liegen im Traunviertel verstreut die Zeugen des einst so pulsierenden Metallhandwerks, zum Teil direkte Nachfahren der unzähligen Kleinbetriebe, die sich entlang der Flüsse angesiedelt hatten, um verschiedenste Finalprodukte aus dem Eisen des Erzberges herzustellen. Einzigartig ist die heute noch aktive Manufaktur von traditionellen Taschenfeiteln und anderen Kleineisenwaren, die schon seit hunderten Jahren an der Eisenstraße ohne Unterbrechung hergestellt werden. Molln beispielsweise ist wahrscheinlich weltweit der einzige Ort, an dem seit 400 Jahren Maultrommeln erzeugt werden. Ein Handwerk, das vermutlich durch die Steyrer Handelsbeziehungen mit Venedig in die Region gebracht wurde, da Experten den Ursprung der Maultrommel im asiatischen Raum ansetzen und ihre Verbreitung in Europa Marco Polo zuschreiben.

Wie auch immer, von Asien über Venedig kam die Maultrommel nach Molln, wo sich noch heute die Erzeugungsstätte dieses seltenen Musikinstruments befindet, das sogar das Wappen der Gemeinde ziert.
Die Legende berichtet freilich einen anderen Hergang: Der Sage nach sollte ein zum Tod verurteiltes Mädchen namens Barbara begnadigt werden, sofern sie etwas Besonderes erfände. In ihrer Not ersann sie die erste Maultrommel, deren Klang den Richter derart bezauberte, dass dem Mädchen die Freiheit geschenkt wurde. Welcher Geschichte man auch glauben möchte, fest steht, dass von 34 Maultrommelmeistern, die noch im 19. Jahrhundert in Molln gewirkt haben, nur mehr drei verblieben sind.
Ähnlich erging es den Nagelschmieden im Traunviertler Dambachtal. Rund 40 Häuser besaßen dort noch Mitte des 19. Jahrhunderts eine Nagelschmiedgerechtigkeit. Man erzählt sich, dass zu jener Zeit das ganze Tal vom hellen Klang der Hämmer und dem frohen Gesang der Nagelschmiede erfüllt gewesen sei. Doch mit dem Aufschwung der Industrie in Steyr verlor das alte Handwerk seinen goldenen Boden, bis es eines Tages erloschen war. Etwas haben sie uns allerdings hinterlassen, die alten Nagelschmiede, das uns wiederum zurück an den Anfang führt: Trotz ihrer harten Arbeit galten die Handwerker als kunstfertige, sensible und kreative Menschen, die in ihrer Freizeit im Winter ihre berühmten „Nagelschmiedkrippen“ bauten. Und so verwundert es nicht, dass das Traunviertel nicht nur die Heimat des Christkindls, sondern dazu passend auch das Land der Krippen ist, die während der Weihnachtszeit Plätze und Kirchen schmücken, mitunter sogar ganze Museen füllen.

Prägende Präzision

Beide Hände arbeiten am Werkstück, die Augen blicken konzentriert durchs Mikroskop, so trifft man Manfred Bramberger in seiner heimeligen Werkstatt an. Mit einem seiner vielen unterschiedlichen Stichel bearbeitet der Graveur gerade einen Prägestempel. Trotzdem findet der Steinbacher nebenbei die Muse, so manch interessantes Hintergrundwissen über seinen Beruf zu berichten: „Neben Hammer und Meißel war der Stichel schon seit jeher das wichtigste Handwerkszeug eines Graveurs bei schmückenden Gravuren oder Münzprägewerkzeugen. Zwar werden diese Werkzeuge mittlerweile immer mehr durch CNC-Techniken ersetzt, bei kleinen Arbeiten wären diese aber viel zu teuer. So ist auch heute noch, vor allem bei komplizierten und besonders kleinen Gravuren, meine Arbeit sehr gefragt“, freut sich der Kunsthandwerker. Manfred Brambergers Arbeit erfordert höchste Präzision. „Um besonders genau gravieren zu können, habe ich mir schon als Student an der Hochschule für Angewandte Kunst in Wien ein Stereomikroskop angeschafft, wie es auch die Briefmarken- und Banknotenstecher haben“, erinnert er sich gern an seine Anfänge als Graveur zurück. Seine künstlerische Ausbildung macht es Bramberger möglich, auch anspruchsvolle Aufträge wie Prägewerkzeuge für Porträtmedaillen anzunehmen. „Dafür wird nach einer Zeichnung oder einem Foto mit der Hand ein vergrößertes dreidimensionales Modell aus Gips, Plastilin oder Wachs angefertigt. Nach verschiedenen Bearbeitungsprozessen entsteht ein sehr hartes negatives Kunststoffmodell, das auf einer Kopierfräsmaschine verkleinert in Stahl gefräst wird. Nach dem anschließenden Härten ist der Stahl bereit zum Prägen von Medaillen auf einer Presse“, fasst der erfahrene Handwerker den Herstellungsprozess wahrlich prägnant zusammen.

Graveur Manfred Bramberger

Zehetner 21
A-4594 Steinbach an der Steyr

Telefon 0043 (0) 7257/7562

Ein Weingarten im Herzen der Stadt

Die Buschenschank
Alexandra Reisenberger

Daffingerstraße 35
A-4060 Leonding

Telefon 00 43 (0) 6 76 / 4 29 44 42
Telefax 00 43 (0) 7 32 / 6 75 49 04
www.buschenschank-leonding.at

Die Skulptur eines fröhlichen Bacchusknaben wacht am märchenhaften Anwesen der „Buschenschank“ über die Weinlagen des Gaumbergs. Im Jahr 2002 wurden hier, nur fünf Minuten entfernt vom Herzen der Landeshauptstadt Linz, 13 000 Rebstöcke gepflanzt. Inzwischen gilt Alexandra Reisenberger als zweitgrößte Winzerin Oberösterreichs und führt zurecht stolz durch ihren Weingarten: „Mit Unterstützung von Georg Beck, einem Weinbauern aus Gols im Burgenland, produzieren wir hier vier Weinsorten“, erzählt die engagierte Buschenschankbetreiberin, „den zart-blumigen Blauburgunder, unseren charmanten Zweigelt, den saftig-exotischen Chardonnay und den vornehmen Rheinriesling.“ Aus letzterem wird in der Sektkellerei Szigeti in Gols der mittlerweile beinahe legendäre Gaumberger Sekt gewonnen. Die Führung geht weiter ins Innere der architektonisch beeindruckenden „Buschenschank“. Während im Keller die selbstgemachten Weine und Traubensäfte lagern, widmet man sich im Erdgeschoss dem kulinarischen Handwerk. „Damit beim Genuss unserer edlen Tröpferl auch der Hunger gestillt wird, bieten wir ganztägig warme Küche“, verrät die Winzerin. Ein Blick in die Speisekarte macht Gusto auf eine deftige Jause mit regionalen Schmankerl. Oder doch lieber gutbürgerliche Hausmannskost und danach eine selbstgemachte Mehlspeise? Kein Wunder, dass die „Buschenschank“ am Gaumberg als kulinarische Attraktion gilt. Im Freien wird derweilen dekoriert. Edel gedeckte Tische zwischen der bunten Blütenpracht im Garten lassen auf ein baldiges Fest schließen. „Ja, wir werden sehr oft für Feiern aller Art gebucht. Vor allem die individuellen Trauungen, die bei uns unter freiem Himmel vollzogen werden können, erfreuen sich großer Beliebtheit“, erzählt Alexandra Reisenberger.

Gaumberger

Im Zeichen des Jägers

■ Herbert Kronsteiner ist auf der Jagd. Seine Büchsen hat der passionierte Waidmann diesmal allerdings zu Hause gelassen, denn heute sind die Augen seine schärfsten Werkzeuge. „Die Ideen für meine Motive sammle ich vorwiegend in der freien Wildbahn, weil ich mir Szenen aus der Natur einfach gut einprägen kann", erklärt der naturverbundene Graveurmeister. In seinem Haus in Großraming verewigt er diese mit bemerkenswerter Ausdauer, Konzentration und zahlreichen Arbeitsstunden in reiner Handarbeit millimetergenau in Eisen und Stahl. Seine Werkstätte ist traditionell und still. Keine Maschine, kein Gehilfe – nur der Zizelierhammer, viele Arten von Meißeln, Punzen und Gravierstichen sind Herbert Kronsteiners Werkzeuge. „Seit Menschengedenken werden Gebrauchsgegenstände mit schmückenden Aufmachungen und dem Emblem ihrer Besitzer versehen. Auch der Jäger will seine Waffe auf ihn und seine Persönlichkeit abgestimmt wissen, darum ist auch jede meiner Arbeiten ein Unikat", erzählt der Graveurmeister. So steht am Beginn eines jeden seiner Kunstwerke ein intensives Gespräch mit dem Kunden, in dem festgelegt wird, welches Motiv graviert werden soll. Ein Reißbrett benötigt der Künstler dabei allerdings nicht; die Szenen entstehen in seinem Kopf. Ob es sich nun um Flachgravuren, plastische Ziselierungen, tiefgestochene Gravuren, Ornamente oder feine Einlegearbeiten in Gold und Silber handelt, dem Kunsthandwerker ist keine Technik fremd. Mittlerweile kann Herbert Kronsteiner auf eine 30-jährige Berufserfahrung zurückblicken und graviert mit ungebrochener Leidenschaft naturgetreue Jagdmotive, umrandet von Ornamenten, Arabesken und Laubgravuren auf Basküleln. Durch ihn wird jede Waffe zum Unikat, zum einzigartigen Kunstwerk für Generationen.

Gravuren und Zieselierungen an Jagdwaffen
Herbert Kronsteiner

Lumplgraben 75
A-4463 Großraming

Telefon 00 43 (0) 72 54 / 71 21
Telefax 00 43 (0) 72 54 / 2 00 83
www.graveur-kronsteiner.at

Alpenländische Volkskunst

Antiquitäten und Restaurierungen
Günther Franz Obermayr

Brandstatt 13
A-4533 Piberbach

Telefon 00 43 (0) 72 28 / 82 04
www.obermayr.co.at

Eine reich verzierte alte Bauerntruhe wartet in der Werkstatt darauf, von Günther Obermayr liebevoll restauriert zu werden. Dank seiner langjährigen Erfahrung in der Holzbearbeitung wird der Tischlermeister dem einst prächtigen Möbelstück wieder zu neuem Glanz verhelfen und es zum begehrten Sammlerobjekt machen. „Seinerzeit war es üblich, Kästen oder Truhen wie diese als Frauengut in die Ehe einzubringen und vor der Hochzeit im festlichen Umzug durch das Dorf zum Haus des Bräutigams zu führen. Dieser Brauch könnte dazu beigetragen haben, dass die Möbel entsprechend wertvoll gestaltet waren“, erzählt Obermayr, während er die Truhe auf ihre Funktion prüft. „Bei antiquarischen, wertvollen Stücken müssen oft fehlende Furnierteile ergänzt werden. Dafür verwende ich nach Möglichkeit alte Furniere, damit die Restaurierung nicht ins Auge fällt“, verrät der Experte für alpenländische Volkskunst. Nachdem er alle fehlenden Teile ergänzt hat, schleift Obermayr seine Werkstücke zum ersten Mal. Danach werden die Möbel geölt und ölgeschliffen. Abschließend poliert der Restaurateur sein Werkstück mit Schellack, per Hand. „Fichtenholzmöbel, die ich selbstverständlich auch restauriere, werden gewachst“, wirft der Traunviertler ein. Neben der Restauration widmet sich Günther Obermayr auch dem Handel mit Antiquitäten. „Das hat sich mit der Zeit ergeben. Mittlerweile kaufe ich immer öfter Möbel aus Verlassenschaften und versetze sie wieder in ihren edlen Originalzustand“, erzählt der Tischlermeister, der auch Massivholzmöbel exakt nach den Wünschen seiner Kunden fertigt. Dabei verarbeitet er die Hölzer Fichte, Erle, Kirsche, Buche, Kiefer und Eiche und garantiert auch die Realisierung umfangreicher Projekte. Natürlich mit dem höchsten Grad an Perfektion.

VNVER
SVCHT
IST
VN·ER
FAREN

Schmidten bei der Lackn seit 1350

Man fühlt sich zurückversetzt ins Mittelalter: In einem Schauraum ziehen unterschiedlichste Rüstungsutensilien wie Helme, Harnische, Hellebarden, Schwerter und Säbel, Liebhaber historischer Kriegskunst ebenso in ihren Bann wie jene der Handwerkskunst. In der Schmiede selbst, in der seit dem 17. Jahrhundert nichts mehr verändert wurde, atmet man jahrhundertealte Geschichte. „Schon vor mehr als 200 Jahren wurde diese Schmiede von unseren Vorfahren betrieben. Wir wissen aber, dass sie schon früher bestanden hat“, berichtet Johann Schmidberger, der heutige Meister. Sehr viel früher, denn die Existenz der „Schmidten bei der Lackn“ kann bis 1350 zurückverfolgt werden. Passend zum Ambiente fertigt Johann Schmidberger gemeinsam mit seinen beiden Söhnen beeindruckende Schmiedearbeiten: „Mit Hilfe alter Techniken wie dem Treiben, Ätzen, Gravieren, Feuervergolden, Bläuen, Schwärzen und Tauschieren haben wir uns auf die Herstellung historischer Blankwaffen, Rüstungen und Helme spezialisiert.“ Da drängt sich dem Besucher förmlich die Frage auf: Wer gibt diese Dinge heute in Auftrag? Als Antwort erntet man ein sanftes, wissendes Lächeln, denn die Handwerksfamilie hat schon alle ausgestattet: Bruno Granz als Odysseus in „Ithaka“, Klaus Maria Brandauer in „Wallenstein“, Placido Domingo als „Othello“ und sogar die päpstliche Schweizer Garde trägt kunstvolle Eisengewänder aus der „Schmidten bei der Lackn“. Auch abseits der großen Bühnen der Welt wenden sich immer wieder Kenner historischer Schmiedekunst an die Traunviertler, um bei ihnen außergewöhnliche Stücke zu ordern: Eisentruhen und -kassetten, Fuhrmannskassen mit komplizierten Geheimmechanismen, mittelalterliche Lampen und Leuchter … „Selbstverständlich stellen wir alle Produkte des klassischen Schmiedehandwerks her“, wendet Johann Schmidberger ein.

Mittelalterschmiede
Johann und Georg Schmidberger

Schmiedstraße 17
A-4591 Molln

Telefon 00 43 (0) 75 84 / 30 73
www.schmiede-schmidberger.at

Individuelle Keramikkunst

TonArt
Beate Brandner

Bad Hallerstraße 46
A-4595 Waldneukirchen

Telefon 00 43 (0) 72 58 / 31 71
Telefax 00 43 (0) 72 58 / 35 06
www.keramik-atelier.at

■ Farbenprächtige Schalen und Vasen, Figuren und Pflanzengefäße, Wandbilder und Statuen tauchen das Atelier „TonArt" in eine künstlerisch-gemütliche Atmosphäre. Mitten drin die Töpferscheibe. Beate Brandner, Absolventin der Landesfachschule für Keramik und Ofenbau in Stoob im Burgenland, hat sich hier eindeutig eine kreative Hochburg geschaffen. Gemeinsam mit ihrer Mitarbeiterin Sabine Schörghuber bildet sie seit knapp zehn Jahren ein künstlerisches Duo. „Mit unserer Arbeit wollen wir Räumen Wärme und Gemütlichkeit vermitteln", sind sich die beiden Keramikkünstlerinnen einig. Das schaffen sie, und zwar auf verschiedenste Arten, zum Beispiel durch die Planung und keramische Gestaltung von Kachelöfen und Wellnessbereichen oder durch fantasievolle, bunte Wandgestaltungen. Besonders letztere erinnern ein wenig an die Arbeiten Friedensreich Hundertwassers. „Das kann sein", schmunzelt Beate Brandner, „wir arbeiten gerne mit runden, weichen Formen, und tatsächlich, Hundertwasser ist eines meiner Vorbilder." Der Stil kommt gut an, auch bei öffentlichen Großprojekten: „Zuletzt haben wir einen Montessori-Kindergarten gestaltet, da konnten wir uns richtig austoben", lacht die quirlige Keramikerin und huscht zum Ofen, um ihm neue, außergewöhnliche Keramikobjekte zu entnehmen. „Das war erst der sogenannte Schrühbrand. Jetzt müssen die Teile noch glasiert werden, bevor sie erneut gebrannt werden", erklärt Brandner. Kein Stück gleicht dem anderen. „Alle unsere Produkte sind vom Entwurf bis hin zur Ausführung Unikate", bestätigen die Künstlerinnen, die auch immer wieder Workshops in ihrem Atelier anbieten.
Da merkt man einfach die Liebe zur Individualität.

Die hohe Kunst des „Auslassens"

Im Geschäft der Familie Tagwerker wird dem Besucher warm ums Herz, noch bevor er eine der vielen Pelz- und Lederkreationen aus der hauseigenen Kürschnerei probiert. „Hauptsächlich sind es Damen, die sich für unsere Pelze interessieren, aber im Lederbereich zählen auch viele Herren zu unseren Kunden", erzählt Reinhard Tagwerker. Elegante Jacken, vor allem aus hochwertigem Lammleder, reihen sich an den Kleiderstangen und konkurrieren mit edlen Pelzmänteln aus Nerz, Fuchs, Zobel oder Kanin. Verzückt probiert man einen „ausgelassenen" Nerzmantel, der den Körper wie ein Wasserfall umhüllt. Wahrscheinlich zählt das Auslassen zu den aufwendigsten Verarbeitungstechniken in der Bekleidungsbranche überhaupt. Reinhard Tagwerker, der eine 40-jährige Erfahrung in dieser hohen Kunst mitbringt, erklärt wie es funktioniert: „Bei einem ausgelassenen Pelzmantel werden relativ kurze breite Felle zu schmalen, langen Fellstreifen verändert. Dabei werden die vorgespannten Felle fischgrätartig mit dem Kürschnermesser in Streifen geschnitten und in neuem Rhythmus versetzt wieder zusammengenäht." In den Worten des Kürschnermeisters klingt dieser Vorgang einfach, denn beinahe vergisst er zu erwähnen, dass diese Technik komplizierte Auslassberechnungen voraussetzt und neben gestalterischer Begeisterung auch mathematische Präzisionsarbeit erfordert. Sind Pelze eigentlich auch der Mode unterworfen? „Mal wird die eine oder andere Fellart bevorzugt, doch unabhängig vom Geschmack der Masse, denn jedes Stück Pelzbekleidung ist ein Unikat. Man kann aber sagen, dass momentan der Trend zu geschorenen und gerupften Materialien geht", weiß Reinhard Tagwerker. Aus der Mode kommt ein Nerzmantel nie, denn schließlich haben die edlen Stücke eine jahrzehntelange Lebensdauer und werden gerne innerhalb der Familie von Generation zu Generation weitergegeben. Ältere Stücke können von Reinhard Tagwerker auf den aktuellen Modetrend umgearbeitet werden.

Pelz und Leder – Kürschnermeister
Reinhard Tagwerker

Stadtplatz 11
A-4060 Leonding

Telefon 00 43 (0) 7 32 / 67 41 75

Sündhaft erotisierende Instrumente

Wimmer-Bades Maultrommel
Familie Wimmer-Bades

Im Sperrboden 1
A-4591 Molln

Telefon 00 43 (0) 75 84 / 28 31
Telefax 00 43 (0) 77 55 / 3 96 11
www.maultrommel.at

An den Wänden der Schauwerkstatt in Molln, in der bereits im 16. Jahrhundert Maultrommeln gefertigt wurden, zeugen unzählige Bilder von der Tradition der bezaubernden Instrumente. Edle Vitrinen beherbergen Maultrommeln aus Europa und den entlegensten Kulturkreisen unserer Welt. Auch altertümliche Werkzeuge, die für deren Herstellung teils heute noch verwendet werden, gibt es bei den kostenlosen Führungen zu sehen. Inmitten der historisch verklärten Atmosphäre demonstriert Franz Wimmer die Entstehung einer Maultrommel. Mit geübter Hand biegt der Seniorchef den Stahldraht zurecht. Dann führt ihn sein Weg zur Scheuertrommel. „Hier werden die sogenannten Rahmen mit Sägespänen blankgescheuert", erklärt er die Funktion des antiken Arbeitsgeräts. Zurück in der Werkstatt presst Franz Wimmer in die Rahmen die gehärteten Federn ein. Ein letztes Mal prüft er die Abstände zwischen Federn und Schenkeln, bevor die fertigen Instrumente liebevoll auf Holzblöcken montiert zum Versand rund um die Welt vorbereitet werden. Sein Handwerk betreibt der rüstige Senior als einer der letzten drei verbliebenen Maultrommelerzeuger in Molln mit beinahe missionarischem Eifer. Die Leidenschaft für seine Instrumente war es auch, die seine Freundschaft zu Professor Heinrich Harrer, dem legendären Volkskundler, der sieben Jahre in Tibet verbrachte, begründete. Gemeinsam studierten sie jahrelang den Ursprung der Maultrommel, der sie bis nach Sibirien führte. Aber diese Geschichte lässt man sich am besten bei einem Besuch in Molln persönlich erzählen. Zum Abschluss gibt Franz Wimmer ein zauberhaftes Ständchen auf einem Brummeisen zum Besten und plötzlich wird klar, warum die Maultrommel zu Maria Theresias Zeiten als „sündhaft erotisierendes Instrument" für lange Zeit verboten war.

Kite-Surfer auf dem Traunsee

Mühlviertel - Bodenständiges Handwerk entlang der Weberstraße

■ Als einziges der vier historischen Viertel des Bundeslandes liegt das Mühlviertel nördlich der Donau, im Granit- und Gneishochland. Aber nicht nur als geologisch älteste Landschaft Oberösterreichs ist das Mühlviertel einzigartig, aufgrund seiner Lage und seines geologischen Untergrunds unterscheidet es sich auch in den Ausprägungen seiner Flora und Fauna von den anderen Landesteilen: Naturbelassene Fließgewässer, geheimnisvolle Moore, dichte Wälder und sanfte Höhenzüge bilden Lebensräume für Fischotter, Luchs und Co. Immer wieder bricht der Granit durch den Boden, aus den Felsspalten blitzen Enzianblüten hervor. Unerklärliche Felsformationen, abgeschliffene Steine, wie durch Geisterhand aufeinander geschichtet, sogenannte Wackelsteine, verleihen der Region einen mystischen Charakter, der schon Dichter wie Adalbert Stifter verzaubert hat. Und nicht zuletzt ist das Mühlviertel auch einzigartig als historische Handwerksregion: Reizvolle kleine Orte nördlich der Donau, die sich ganz der textilen Kunst verschrieben haben, gelten als Protagonisten der Mühlviertler Weberstraße. Seit jeher war die Landschaft geprägt von weiten, hellblau leuchtenden Flachsfeldern, die das Fundament für die jahrhundertealte Tradition der Herstellung feinster Leinenstoffe bildeten. Ab dem 17. Jahrhundert wurden die Webereiprodukte der Region in alle Welt exportiert. Viele der alten Webmuster für die ursprünglich als bäuerliche Nutzstoffe verwendeten Leinen werden teilweise bis heute nach historischen Vorlagen produziert, wobei als das bekannteste Muster mit Sicherheit das klassische Mühlviertler Karo gilt. Obwohl die goldene Zeit des Weberhandwerks schon lange vorbei ist, im Mühlviertel gibt es sie noch

immer, die traditionsbewussten Familienbetriebe, die in meisterlicher Art Gewebe aus Leinen herstellen. Entlang der Weberstraße folgt man ihren Spuren. Vor allem in Haslach, dem einstigen Zentrum der Leinenweberei, begegnetet dem Besucher das edle Handwerk auf Schritt und Tritt. Im Webereimuseum begibt man sich auf eine Tour, die den Weg der Naturfaser Flachs veranschaulicht, vom Anbau bis zur Herstellung der berühmten, eleganten Gewebe. Eine Reise, die zurückführt zur bäuerlichen Leinenproduktion vergangener Epochen und wieder retour in die Gegenwart mit der Demonstration unterschiedlichster Webmaschinen und -techniken. So erfährt der Besucher hier, dass vom Flachsanbau bis zum fertigen Leinenstoff ein ganzes Jahr vergehen kann und die Herstellung über 60 Arbeitsschritte benötigt. Kaum zu glauben, dass die Fasern erst getrocknet, geriffelt, gebrochen und gesponnen werden müssen bevor es zum eigentlichen Weben kommen kann. Endlich werden auch die Fachbegriffe „Kette" und „Schuss" erklärt, die unter Textilexperten in aller Munde sind: Während die „Kette" nämlich die senkrecht gewobenen Fäden bezeichnet, heißen die waagrechten Fäden, die in den Stoff laufen „Schuss". Schlussendlich dürfen sich die Besucher auch persönlich an einem Webstuhl in der faszinierenden Handwerkstechnik versuchen. Keine Sorge, wenn das Kunstwerk nicht auf Anhieb klappt, denn spätestens auf dem jährlich im Juli veranstalteten Haslacher Webermarkt hat man Gelegenheit, sich mit feinstem Gewebe aus professioneller Hand einzudecken. Dann nämlich verwandeln tausende Besucher und Aussteller aus aller Welt die idyllische Ortschaft in ein buntes Potpourri aus edlen Stoffen.

Aber auch abseits der Weberei hat das Mühlviertel so einiges zu bieten und was läge wohl näher in der Region, als sich mit dem bodenständigen Handwerk der Müller zu beschäftigen? So gibt es im Mühlviertel sogar einen eigenen Erlebniswanderweg, an dem sich alles rund um Mühlräder und die Mehlerzeugung dreht. Bis zur tschechischen Grenze spaziert man vorbei an historischen Mühlengebäuden, passiert sogar das Schloss Waldenfels und in unmittelbarer Nähe die liebevoll renovierte Hausmühle mit angeschlossenem Venezianergatter, Brotbackhäusl und der größten Blumenuhr Europas.
Teils lässt sich die Geschichte der Mühlen in der Region bis ins 15. Jahrhundert nachverfolgen. Schon seit jeher waren es hier die Müller, die wesentlich für die Nahversorgung der Bevölkerung verantwortlich waren, indem sie in mühevoller Arbeit aus Getreide Mehl für das tägliche Brot erzeugten. Die meisten der alten Müller-Familien sind freilich der industrialisierten Welt zum Opfer gefallen, aber noch immer gibt es in der Region zahlreiche Müllerbetriebe, Getreidemüller genauso wie Ölmüller, die auch den Weg in die Zukunft beschreiten werden. Worin ihr Erfolgsrezept liegt? Die Spezialisierung auf qualitätsreiche, besondere, gesunde Produkte, zum Großteil BIO, die dem Zeitgeist entsprechen und gleichzeitig die Tradition des Handwerks nicht vergessen lassen. Um aber keine Missverständnisse in Bezug auf die Etymologie der Bezeichnung Mühlviertel aufkommen zu lassen: Mit dem Reichtum an Mühlen hat der Name nichts zu tun, denn die Region wurde nach drei Bächen benannt, die sie durchfließen – die Große Mühl, die Kleine Mühl und die Steinerne Mühl.

Bauernschlaue BIO-Innovationen

Gerade erklärt der innovative Landwirt Josef Eder im hofeigenen Seminarraum einer Schulklasse den Hintergrund zur Marke „Mauracher": „Schon seit dem 17. Jahrhundert wird bei uns Brot gebacken. Seit wir 1980 den Grundstein zur BIO-Landwirtschaft gelegt haben, leben wir im gesamten Unternehmen das BIO-Prinzip. Dabei setzen wir auf eine Kombination aus moderner Technologie und ökologisch sinnvoller Herstellung unserer Backspezialitäten."

Josef Eders Innovationsreichtum beginnt am Feld und zieht sich bis in die Backstube: Gemeinsam mit dem Saatzüchter Hans Gahleitner ist es ihm gelungen, alte Getreidesorten neu zu entdecken und so arbeitet er seit seinen BIO-Anfängen mit Dinkel, Einkorn, Purpurweizen und Pharaonenkorn. „In unserem Korn stecken Vitalität und einzigartige Aromen", bestätigt Eder. Die Qualitätsüberprüfung erfolgt unter anderem im hauseigenen Labor, und damit an der Güte des Korns nichts verändert werden kann, wird das Getreide am „Mauracher Hof" frisch und unmittelbar vor der Verarbeitung direkt am Hof gemahlen. Die Bäckermeister stellen die beliebten Mauracher-Brote aus bekömmlichem Mehrstufen-Natursauerteig her. Dann wandern die Teiglinge in den energiesparenden Ofen, den Eder gemeinsam mit Experten entwickelt hat. Auch hier stand der BIO-Gedanke natürlich im Vordergrund.

Der Erfolg gibt Josef Eder Recht: In ganz Österreich und Süddeutschland steigt die Nachfrage nach seinem besonderen BIO-Brot, -Gebäck und -Mehlspeisen.

„Wir lassen uns gerne ‚bauernschlau' nennen", lacht Eder, „es gibt nichts Intelligenteres, als auf die Natur zu hören." Spätestens bei der Verkostung seiner köstlichen Produkte in der „Feinschmeckerei", dem hauseigenen BIO-Café, hat Eder die Schulklasse vom BIO-Gedanken überzeugt. Ein Genuss, in den übrigens jeder kommen kann, denn interessierten Besuchern bietet der BIO-Pionier Führungen durch den „Mauracher Hof".

BIO-Hofbäckerei „Mauracher" GmbH
Josef Eder

Pogendorf 8
A-4152 Sarleinsbach

Telefon 00 43 (0) 72 83 / 84 66
www.mauracherhof.com

Mühlviertler Käsekultur – echt BIO

Biokäserei St. Leonhard
Josef Stöbich

St. Leonhard 8
A-4152 Sarleinsbach

Telefon 0043 (0) 7283 / 8888
Telefax 0043 (0) 7283 / 8888-10
www.biokaeserei.at

■ In der 1993 neu errichteten „Biokäserei St. Leonhard“ verbindet Josef Stöbich traditionelle Handwerkskunst mit modernsten Herstellungsverfahren. Täglich verarbeitet er mit seinen Mitarbeitern hunderte Liter frische Kuhmilch, die ausschließlich aus kontrolliert biologischer Landwirtschaft stammt. Während der Geschäftsführer durch seine Käsewelt führt, erklärt er begeistert die einzelnen Arbeitsschritte auf dem Weg zu seinen Weichkäsespezialitäten: „Vor dem Abfüllen in die Käseformen wird der sogenannte Bruch geschnitten und gerührt. In unserem Betrieb wird alles handverschöpft. Dies ist sehr schonend für den Käsebruch und erhöht die Qualität. Nach dem Abfüllen muss der Käse rasch gewendet werden, damit er seine richtige Form bekommt und die Molke gut austreten kann. Das passiert beim Camembert im automatischen Käsewender.“ Den St. Leonhardter Camembert könnte man als Stöbichs Leitprodukt bezeichnen: In den letzten Jahren wurde die rahmigzarte Käsespezialität unzählige Male prämiert, sogar vom Österreichischen Genusssalon. „Der typische Camembertschimmel wird in einem natürlichen Verfahren angezüchtet und entwickelt sich während der Reifung. Wir produzieren unseren Camembert in den Sorten Natur, Kräuter, Pfeffer und Nuss“, erläutert der Sarleinsbacher. Einen Tag nach dem Wenden kommt der Käse zur Verbesserung der Haltbarkeit ins Salzbad. „Dadurch erhält er auch seinen vollmundigen Geschmack“, verrät Stöbich. Auch während seiner circa zweiwöchigen Reifezeit muss der Camembert täglich gewendet werden, den Vorgang bezeichnet man als Käsepflege. Die letzte Station der Führung bildet die Verpackungsabteilung. Hier werden die Käsespezialitäten, der Brie in Natur und Nuss sowie der bekannte Camembert, verpackt, natürlich von Hand.

Praline Sahne-Milch
SCHÖRGI
Praline Nougat
SCHÖRGI
Likörpraline Cointreau
SCHÖRGI
Praline Weichsel
SCHÖRGI
Praline Sekt
SCHÖRGI
Praline
SCHÖRGI
Likörpraline Marille
SCHÖRGI
Praline Zart-Bitter
SCHÖRGI
Praline Karamel
SCHÖRGI
SCHÖRGI

Süße Kunst im Tempel des Genusses

Ob es sich um Genussradler handelt, um Pärchen, die verliebt an der Uferpromenade des romantischen Donaustädtchens flanieren, oder um den Kulturfreund, der sich nach der Visite der historischen Sehenswürdigkeiten von Grein eine süße Pause gönnen möchte … Sie alle haben ein gemeinsames Ziel, den Besuch des barrierefreien Genusstempels der traditionellen „Café Konditorei Schörgi“. Dort nämlich geht Konditormeister Helmut Schörgi leidenschaftlich seinem Handwerk nach und wartet mit phantasievollen, süßen Köstlichkeiten auf, die es so in keiner anderen Konditorei des Landes gibt. Allen voran der flaumige Batzlguglhupf mit der traditionellen Nuss-, Topfen-, Powidlfüllung. Eine barocke Gaumenfreude, die für die Nachwelt beinahe verloren gewesen wäre, hätte Helmut Schörgi nicht zufällig auf dem Dachboden seiner Traditionsbackstube eine verstaubte Schatulle mit handgeschriebenen Rezepten gefunden.

Wie jeder gute Konditor, der etwas auf sich hält, kreiert auch Helmut Schörgi seine eigenen Schokoladen. Dabei hat sich der Oberösterreicher schon vor Jahren das Ziel gesetzt, das Beste aus der Kakaobohne herauszuholen. Das Ergebnis lässt sich sehen, so glänzt in den Vitrinen der „Café Konditorei Schörgi“, die im Jahr 2007 übrigens mit der goldenen Kaffeebohne ausgezeichnet wurde, neben den bewährten Mehlspeisen edles Konfekt in vielfältigen Variationen. Ganz besonders sticht daraus Schörgis Barockpraline hervor, die nicht nur kreativ und wunderschön aussieht, sondern auch unheimlich gut schmeckt.
Und im Sommer? Im Sommer ist der Eispavillon der Konditorei natürlich die erste Anlaufstelle in Grein. Die riesige Auswahl an Eissorten ist aber nicht überraschend, wenn man bedenkt, dass die Kreation allerneuester Eissorten als heimliches „Berufshobby“ des Chefs gilt.

Café Konditorei Schörgi
Helmut Schörgi

Rathausgasse 2
A-4360 Grein

Telefon 00 43 (0) 72 68 / 3 50
www.schoergi.at

Gasthof & Fleischerei

Gasthof & Schaufleischerei
Zalto-Höglinger
Margit und Johann Höglinger

Kirchberg o. d. Donau 8
A-4131 Kirchberg

Telefon 00 43 (0) 72 82 / 40 03
Telefax 00 43 (0) 72 82 / 40 03-18
www.zalto-hoeglinger.at

Fachgerecht demonstriert Fleischermeister Johann Höglinger einer Besuchergruppe auf durchaus unterhaltsame Weise die Entstehung seiner legendären Knacker: Für die Wurst wird das Fleisch, das ausschließlich von Bauern aus der näheren Umgebung bezogen wird, zum sogenannten Brät verarbeitet. Dieses wird mithilfe des Wurstfüllers in Naturdärme gefüllt. Dann werden die einzelnen Knacker mit dem Wurstgarn händisch abgebunden. „Später wird es die g'schmackigen Knacker in Form einer zünftigen Wurstkessel-Jause auch gleich zu verkosten geben", macht der Fleischermeister seinem Publikum Gusto.
Vor über zehn Jahren wagte Familie Höglinger den Schritt, ihren Fleischerei-Betrieb in „Österreichs Erste Schaufleischerei" umzubauen. „Wir suchten eine Möglichkeit, den Menschen unser handwerkliches Können und unsere Produkte zu präsentieren. Ermutigt durch den Erfolg im Bereich Party-, Buffet-, Grill- und vor allem Spanferkelservice, wobei wir schon immer Dienstleistung hautnah vor den Augen der Kunden vollbrachten, entschieden wir uns eine Schaufleischerei zu eröffnen", erklärt die Familie ihren Entschluss.
Mittlerweile erhielten schon mehr als 30 000 Besucher Einblick in die Arbeitsweise der bereits in der dritten Generation geführten Fleischerei, die über den Bezirk hinaus bekannt für ihre Wurstspezialitäten und ihr Mühlviertler Qualitätsfleisch ist.
„Da wir unser Handwerk verstehen, lassen wir uns gerne bei der Arbeit auf die Finger schauen", betont Familie Höglinger. So kann man nach Voranmeldung im Rahmen einer „Schauvorführung" den Fleischerfacharbeitern bei der Arbeit zusehen und miterleben, wie in den einzelnen Arbeitsschritten Fleisch zu Wurst wird. Und zwar ganz entspannt durch ein Schaufenster.

ZALTO
TIROLER
Zalto
JAUSEN WURST

Gesund und gut zu Fuß

Lichtdurchflutete Räumlichkeiten, modernste Gerätschaften, trendige Schuhmodelle … mit einer rustikalen Schuhmacherwerkstatt, wie man sie sich vorstellt, hat die Arbeitsstätte der Familie Führlinger so rein gar nichts zu tun. 1986 übernahmen Rosa und Peter Führlinger den Schuhmacherbetrieb, der sich bereits seit 1924 im Familienbesitz befindet. 1990 wurde das Unternehmen auf Orthopädie-Schuhtechnik mit Bequemschuhhandel umstrukturiert. „Unser Leitbild hat die Gesundheit von Mensch und Fuß zur Grundlage, die wir mit unseren Einlagen und Schuhen, die den Anforderungen der individuellen Bedürfnisse entsprechen, verbessern wollen“, fasst das Ehepaar sein Konzept zusammen. Gut zu Fuß zu sein bringt Wohlbefinden, Mobilität und Agilität, kurz Lebensqualität, aber so unterschiedlich die Menschen, so verschieden sind auch ihre Füße. Daher bedient man sich bei Führlinger einer Vielzahl an Methoden, um den optimalen Maßschuh herzustellen: Die Körperhaltungsanalyse, die Gang- und Laufanalyse oder die Fußdruckanalyse sind nur ein paar der modernen Verfahren, die praktiziert werden: „Jeder unserer Schuhe und jede unserer Einlagen ist ein Unikat, das individuell nach den Bedürfnissen unserer Kunden mit Hilfe neuester Abdrucktechniken angefertigt wird“, erklärt der Orthopädie-Schuhmachermeister. Was auffällt ist, dass Führlingers Meisterwerke, orthopädisch auf höchstem Niveau, fesch und trendig auftreten: „Modische Schaftgestaltungen ganz nach Kundenwunsch, kombiniert mit Ledervariationen in vielen Farben, lassen kaum mehr einen Unterschied zum Konfektionsschuh erkennen“, bestätigt Rosa Führlinger, die als Prana-Vita-Praktikerin nicht nur für den Verkauf, sondern auch für die Durchführung von Energie- und Körpertherapien im Unternehmen zuständig ist.

Orthopädie-Schuhtechnik
Peter Führlinger

Waxenberger Straße 1
A-4181 Oberneukirchen

Telefon 00 43 (0) 72 12 / 74 81
Telefon 00 43 (0) 72 12 / 74 81-4
www.fuehrlinger.at

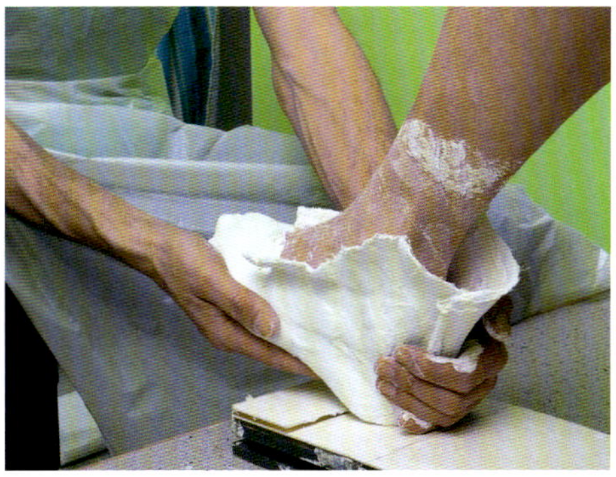

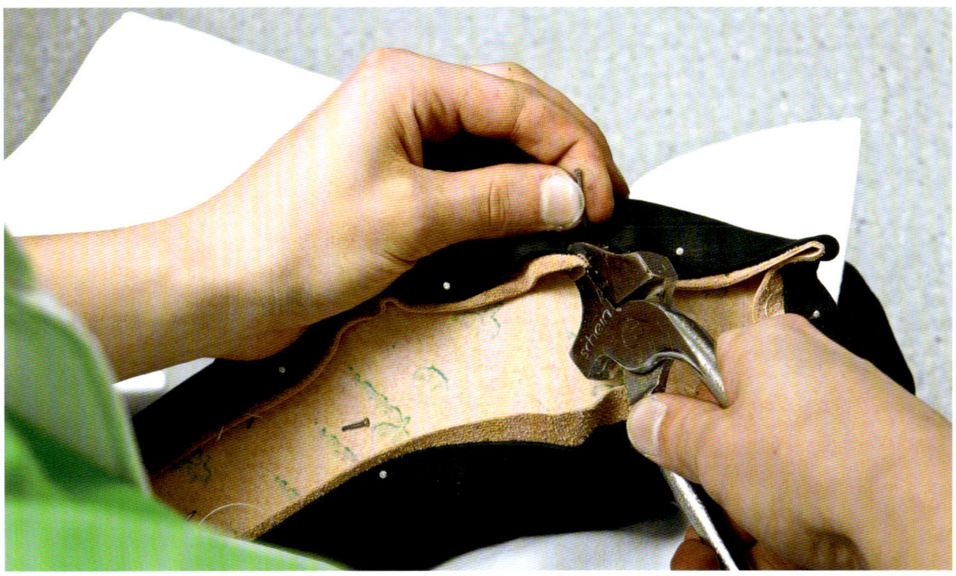

Zur Kunst verschmolzen

In der „Glasdesign Meisterwerkstätte" sucht sich das Licht seinen Weg durch hunderte kunstvolle Glasobjekte. Da wird es von einer Vase gebrochen, gleich daneben verbindet es sich zum himmlischen Leuchtkörper mit einer fantastisch anmutenden Glasskulptur. „Wenn das Zusammenspiel von warmen Farben in Kombination mit Licht und Transparenz auf mich einwirkt, bedeutet das Entspannung und Freude", kommentiert Christian Baumgartner die stimmungsvolle Atmosphäre seines Verkaufsateliers. Seit mehr als acht Jahren hat sich der Handwerksmeister schon der Glaskunst verschrieben und hat mittlerweile auch seine Lebensgefährtin Martina mit dem Fusing-Virus infiziert: „Die Kunst ist zu unserem Lebensinhalt geworden", lächelt das Paar.
Das sogenannte „Fusen" ist eine der ältesten Techniken der Glasgestaltung. Dabei werden in einem Brennofen bei über 800° Celsius mehrere Gläser miteinander verschmolzen. „Die Möglichkeiten, die der Werkstoff Glas bietet, sind nahezu unerschöpflich", erklären die Glaskünstler enthusiastisch, während sich im Ofen die zuvor kunstvoll arrangierten, farbigen Glasplättchen mit der klaren Scheibe zu einem einzigartigen Muster verbinden.
„Wichtig sind die richtige Temperatur, die richtige Zeit zum Abkühlen und die Ruhephasen, in denen sich das Glas entspannen kann", erklärt Christian Baumgartner und fügt hinzu, „das kann man nicht lernen, das muss man entdecken." Dabei kommt den beiden Oberösterreichern ihre jahrelange Erfahrung zugute. Inspiriert von den Farben und Formen der Natur schaffen sie wundervolle Glas-Unikate. Dazu gehören Dekorationsobjekte wie Vasen, Schalen, Skulpturen oder Glasbilder genauso wie Möbelstücke, Lampen, Duschen oder beeindruckende Waschbecken, die aus einem einzelnen Stück Glas geschmolzen wurden.

Glasdesign Meisterwerkstätte
Christian Baumgartner und Martina Schenk

Holzhäusln 13
A-4170 Haslach

Telefon 00 43 (0) 72 89 / 7 12 69
www.glasdesign-baumgartner.at

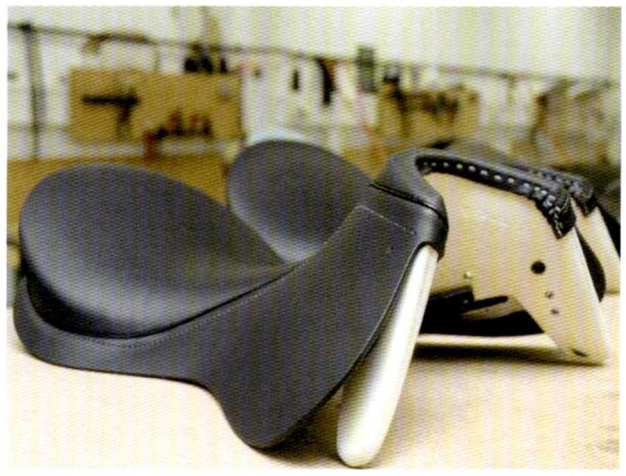

Das Glück dieser Erde ...

Sattlerei Niedersüß GmbH

Stadtplatz 20
A-4150 Rohrbach

Telefon 00 43 (0) 72 89 / 42 28-0
Telefax 00 43 (0) 72 89 / 42 28-23
www.k-n.at

■ Geschickt durchsticht die auf dem Nähross sitzende Sattlerin das kostbare Leder mit einer Ahle. „In keinem anderen Beruf ist die Zahl der Nähte so vielfältig und erfordert so viel Kraft in Armen und Händen wie bei uns", weiß Sattlermeister Karl Niedersüß aus eigener Erfahrung. Seit mehr als 300 Jahren wird die Handwerkskunst der Sattlerei innerhalb seiner Familie von Generation zu Generation weitergegeben. Mit 28 Jahren übernahm Karl Niedersüß den Betrieb von seinem Vater mit fünf Mitarbeitern. Heute beschäftigt der Mühlviertler 28 gelernte Sattlerinnen und Sattler und leitet somit die größte Sattelmanufaktur Österreichs. „Früher fertigten wir hauptsächlich diverses Zubehör für den Reit- und Fahrsport, heute sind Sättel aller Art unser Leitprodukt", erzählt der Handwerker. Wissen, handwerkliches Können und Offenheit für Innovationen machen die exklusiven Sättel mit dem Emblem KN zu weltweit einzigartigen Handwerkserzeugnissen. Für ihre Produktion hat Karl Niedersüß ein außergewöhnliches Verfahren entwickelt, in dem er uralte Handwerkskunst mit Hightech kombiniert: Ein mit Eisenteilen verstärkter Kunststoff-Sattelbaum ist das Herzstück eines jeden Niedersüß-Sattels. Der innovative Sattlermeister erklärt den Hintergrund: „Während der Kunststoff für Elastizität, Formstabilität und geringes Gewicht sorgt, gewährleistet der Eisenkern die nötige Festigkeit an den richtigen Stellen." Eine Gruppe von fünf Handwerkern arbeitet durchschnittlich 18 bis 20 Stunden an einem KN-Sattel. Neben den begehrten Sätteln erzeugt der Handwerkbetrieb natürlich noch immer alle erdenklichen Produkte für den Reit- und Fahrsport, von Zäumen bis hin zum Steigbügelriemen. So gilt auch weiterhin: Das Glück dieser Erde liegt auf dem Rücken der Pferde … und trägt das Emblem KN.

Begnadete Hände

Alles beginnt mit dem Entwurf. Heinrich Langeder bringt seine Ideen zu Papier, bevor er sie in aufwendiger Handarbeit in dreidimensionaler Form entstehen lassen wird. Schon während seines ersten Bildungsweges als Maschinenschlosser entdeckte der Kunsthandwerker sein Gefühl für Formen und Materialien. So erlernte er die Bildhauerei auf dem autodidaktischen Weg und perfektionierte sein Können Ende der 1990er-Jahre in der Schnitzschule Geissler-Moroder in Tirol. Mit Bedacht wählt Heinrich Langeder das Holz für sein künftiges Kunstwerk aus: „Bei der Wahl des Holzes spielen mehrere Faktoren eine Rolle", erklärt der begnadete Handwerker, „es muss einerseits gut zu bearbeiten sein, andererseits die richtige Optik mitbringen." Heute entscheidet sich der Bildhauer für Lindenholz, der wichtigsten Holzart für Schnitzarbeiten und die Bildhauerei. Schon im Mittelalter war es als „heiliges Holz" bekannt, da aus ihm bevorzugt sakrale Kunstwerke entstanden. Auch Heinrich Langeder ist bekannt für seine sakralen Bildhauerarbeiten und Skulpturen: Kreuze, Krippen, Plastiken, ganze Altarräume hat der Künstler bereits gestaltet. Seine Arbeiten vermitteln Botschaften, die es zu entdecken gilt. So weist er zum Beispiel durch die Kombination verschiedener Hölzer auf die Vielfalt im menschlichen Dasein hin. Seine Skulpturen tragen expressive Titel wie „Freud & Leid", „Familie" oder „Berührung". Konzentriert sitzt der Kunsthandwerker vor dem rohen Holzklotz. Mit der Säge gibt er ihm erst grob die gewünschte Form. Dann arbeitet er immer sorgfältiger mit Schnitzeisen, Raspel, Feile, es wird geschliffen und abgezogen. Langsam verwandelt sich das Material zum Kunstwerk. Es ist die Verknüpfung aus formvollendeten Bildhauerarbeiten mit naturbelassenen Hölzern, die Langeders Meisterstücke auszeichnet, Kontrastpunkte, die entstehen durch seine klare Formensprache mit meisterhaften, detailreichen Schnitzereien.

Bildhauerei Langeder
Heinrich Langeder

Pilgram 18
A-4323 Münzbach

Telefon 00 43 (0) 72 64 / 43 70
members.aon.at/bildhauerei.langeder

Freud & Leid

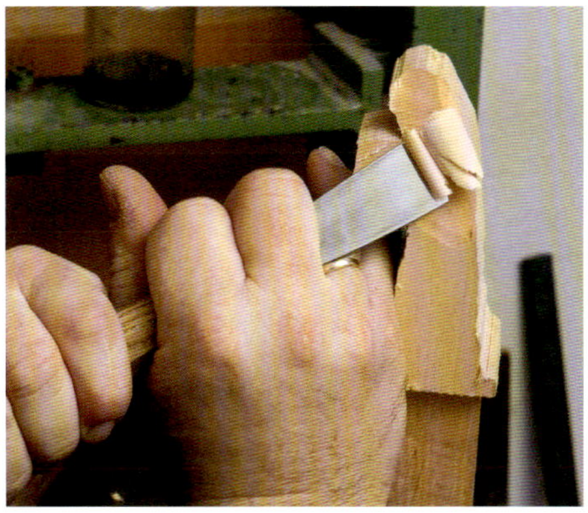

Vom Faden zum Gewebe

Leinenweberei Vieböck GmbH
Johann Kobler und MMag. Hannes Böck

Leonfeldnerstraße 26
A-4184 Helfenberg

Telefon 00 43 (0) 72 16 / 62 15
Telefax 00 43 (0) 72 16 / 40 46
www.vieboeck.at

■ Hunderte Stoffballen im traditionellen Mühlviertler Streifen- und Karomuster, aber auch in weiterentwickelten trendigen Designs stapeln sich im Lager der „Leinenweberei Vieböck". In der Manufaktur laufen die Schär- und Webmaschinen im Hochbetrieb. Erstaunlich ist, auch wenn es der erste Blick auf die modernen Produktionsmethoden nicht vermuten lässt, wie viel Handarbeit in jedem Stück Leinenstoff aus dem Hause Vieböck steckt. Webermeister Johann Kobler, der den 1832 gegründeten Traditionsbetrieb im Jahr 2007 übernommen hat, lässt es sich nicht nehmen, den Weg vom Faden zum Gewebe persönlich zu erklären: „Wir verweben hochwertige Garne aus europäischen Spinnereien, wobei wir Wert darauf legen, dass diese aus umweltfreundlichem und nachhaltigem Anbau stammen. Nachdem wir den Stoff am Computer entworfen und wichtige Daten wie zum Beispiel die notwendige Garnstärke ermittelt haben, verbindet die Zettlerin in Präzisionsarbeit die Schärbänder zur Webkette." Dann erst geht es weiter zur Webmaschine. „Bevor wir die Maschine programmieren, müssen alle Fäden exakt in das Webgeschirr eingezogen werden, damit beim Webprozess auch das gewünschte Muster zustande kommt", führt Kobler die Erklärung fort. Faden für Faden wird per Handarbeit ins Webblatt eingefädelt. Viele Arbeitsschritte liegen dazwischen, bis man zusehen kann, wie sich auf der Webmaschine schließlich die Garnfäden zum anspruchsvollen Leinenstoff verbinden, der von der Weberin noch vor Ort auf seine Qualität geprüft wird. Zusätzlich gibt es eigene Warenkontrolleurinnen, deren geschulten Augen kein Fehler im Stoff entgeht. Nach der finalen Textilveredelung werden die Stoffe in der hauseigenen Näherei zu Geschirr-, Hand- und Badetüchern, Bett- und Tischwäsche, Vorhängen oder Bademäntel konfektioniert – in bewährter Mühlviertler Qualität.

kaltgepreßt
HASLACH
LEINÖL
QUALITÄT AUS TRADITION

Ursprünglich wie das Land

Appetitlich duftendes Leinöl tropft aus der Presse der „Mühlviertler Ölmühle". „Schon seit mehr als 600 Jahren wird bei uns Leinöl hergestellt", berichtet Ingenieur Koblmiller. Was man damals wahrscheinlich noch nicht wusste ist, dass Leinöl einen sehr hohen Anteil an Omega-3-Fettsäuren besitzt und dadurch besonders wertvoll für die Ernährung ist. Ein Faktum, das in der heutigen Zeit immer mehr geschätzt wird. Leinöl ist aber nur eine unter vielen besonderen Ölspezialitäten, die in der Ölmühle Haslach abgefüllt werden: Mohn-, Distel-, Hanf-, Sesam-, Kürbiskern- und Sonnenblumenöl werden hier in geschichtsträchtigem Ambiente laufend frisch aus ausgesuchten Saaten gepresst. „Weil jede Pflanze einen speziellen Anspruch an Klima und Boden stellt, beziehen wir die Saaten aus Anbaugebieten, in denen schon seit Generationen Pflanzenkerne für die Ölerzeugung gewonnen werden", betont Gunther Koblmiller, dessen Familie seit über 200 Jahren im Besitz der Mühle ist.

Freilich haben sich die Produktionsmethoden mittlerweile dem modernen Standard angepasst, jedoch können die Gerätschaften Koblmillers Vorfahren in einer Museumsmühle besichtigt werden. „Wir gehen mit der Zeit, aber manchmal auch zurück, denn nur mit der Liebe zur Natur, dem Wissen um gesunde Ernährung und den sorgsamen Überlieferungen von Generation zu Generation kann man ein Öl machen, das auch heute noch etwas Besonderes ist", weiß der Ingenieur.

Übrigens lässt sich aus den naturbelassenen Ölen aus Haslach viel mehr zubereiten als nur Salatmarinaden, zum Beispiel die in der Region sehr beliebten und delikaten Leinölerdäpfel sowie wertvolle Brotaufstriche: „Für den schmackhaften ‚Leinölkäs' braucht man nur ein Packerl Topfen mit einer feingehackten Zwiebel, Salz, drei bis vier Esslöffel Leinöl und verschiedenen Kräutern glattzurühren", verrät der Ölmüller ein altes Hausrezept.

Mühlviertler Ölmühle
Ing. Gunther Koblmiller

Stablmühle 1
A-4170 Haslach a. d. Mühl

Telefon 00 43 (0) 72 89 / 7 12 16
www.oelmuehle-haslach.at

Garantiert BIO

Schälmühle Nestelberger
Familie Nestelberger

Naarnstalstraße 9
A-4320 Perg

Telefon 00 43 (0) 72 62 / 5 43 48
www.bionaturprodukte.at

In dem hundert Quadratmeter großen Bio-Laden der Familie Nestelberger reihen sich allerhand Köstlichkeiten in den Regalen: Müslis, Snacks, Trockenfrüchte, Teigwaren, Reis, Gewürze, Back- und Kochzutaten aller Art, aber auch Säfte und Weine verlocken zum Kosten und Kaufen – selbstverständlich alles garantiert BIO. Manchmal steht Großmutter Berta Nestelberger in beratender Funktion hinter dem Tresen. In Sachen Naturprodukte, die direkt aus der Mühle stammen, gilt sie als Expertin, schließlich führte sie schon vor Jahrzehnten einen kleinen, an die Mühle angeschlossenen Mehlladen. 4 000 Tonnen Biogetreide werden in der Schälmühle jährlich zu Mehl, Flocken und Müsli veredelt. „Verarbeitet und verkauft werden hauptsächlich Produkte von Biobauern aus dem Mühlviertel“, erzählt Norbert Nestelberger, der bereits seit rund 20 Jahren im elterlichen Betrieb von Stefan und Elfriede Nestelberger mitarbeitet.

Seit Anfang der 1930er-Jahre ist die Mühle im Besitz der Familie. Als das Gebäude 1980 bis auf seine Grundmauern abbrannte, war das ein herber Schicksalsschlag und eine große Chance zugleich: „Das ermöglichte uns einen Neustart auf Biobasis“, bestätigt Norbert Nestelberger. Eine Strategie, die sich aufgrund der umfangreichen und gleichzeitig hochqualitativen Produktpalette zum Erfolgsrezept

entwickelte. Mittlerweile zählen zu den Kunden der Mühle Großhandel und Kuranstalten genauso wie Naturkostläden oder Biofrischdienste, und der an die Mühle angeschlossene Bioladen dient nicht nur in Perg als Nahversorger, sondern zieht sogar Privatkunden aus den angrenzenden Bundesländern zum gesunden Einkauf ins untere Mühlviertel. Welches Naturprodukt wäre denn besonders zu empfehlen? „Wir haben das beste Honigmüsli der Welt - das geht sogar bis Amerika!“, ist Claudia Nestelberger überzeugt.

Die Kunst im Stein

Eigentlich ist das Unternehmen „Karl Schneeberger" bereits seit 1935 im Mühlviertel als Baustoffhandel- und Transportunternehmen bekannt, doch bereits die kunstvoll aus Stein gehauenen Buddha-Skulpturen am Firmengelände lassen vermuten, dass sich hinter den Mauern mehr verbirgt als Sand und Kies. Wenn Karl Schneeberger die Tore zu seinem Edelstein-Atelier öffnet, schickt er den Besucher auf eine Reise in die Welt der Steine. Sein ganz persönliches Paradies besteht aus gigantischen Edelsteinen, meisterhaft aus Stein geschlagenen Skulpturen, darunter Madonnenabbilder ebenso wie römische Göttinnen, phantastischen Einrichtungsgegenständen aus teils seltenen Marmorarten … jahrmillionenalten Kunstwerken von der Schöpferkraft Natur, denen Schneeberger zum Teil durch feinste Handarbeit zur Perfektion verholfen hat.

„Da in unserem Betrieb bei der Kiesgewinnung immer wieder besondere Findlinge in allen erdenklichen Formen und Farben, teils bis zu zehn Tonnen pro Stück, zum Vorschein kamen, rückte der Stein in unserem Unternehmen in den Vordergrund", erzählt Karl Schneeberger. Mittlerweile steht „der Stein" sogar im Zentrum. Karl Schneeberger hat kurzerhand sein Hobby zum Beruf gemacht und bringt seitdem außergewöhnliche, besondere und einzigartige Exponate von A wie Amethyst bis Z wie Zitrin aus der ganzen Welt nach Putzleinsdorf. Wenn es notwendig ist, veredelt der engagierte Oberösterreicher die zumeist seltenen Edel- und Halbedelsteine auch zu Skulpturen, Säulen oder exklusivem Interieur. „Unsere Welt ist von so vielen künstlichen Produkten umsponnen, dass viele Menschen die Schönheit der Natur nicht mehr wahrnehmen", bedauert der Mühlviertler, der es sich zur Aufgabe gemacht hat, eben diese Schönheit, verbunden mit Freude und Lebensqualität, zu den Menschen nach Hause zu bringen … als die Kunst im Stein – the Art in Stone.

The Art in Stone
Karl Schneeberger GesmbH & CoKG

Ameisbergstraße 9
A-4134 Putzleinsdorf

Telefon 00 43 (0) 72 86 / 82 86
Telefax 00 43 (0) 72 86 / 82 86-8
www.theartinstone.com

(Zur) Kunst verwoben

Mag. Edda Seidl-Reiter

Tiefe Gasse 5
A-4162 Julbach

Telefon 00 43 (0) 72 88 / 26 66

■ Edda Seidl-Reiter sitzt in ihrem gemütlichen Atelier in Julbach am Webstuhl. Kunst in all ihren Facetten bestimmt den Raum – ebenso wie alle Aspekte des Lebens der geborenen Wienerin: Malerei, Textilkunst, Sprache, Musik – Edda Seidl-Reiter ist in allen Bereichen der Kunst zu Hause, sogar mit einem Künstler, dem Bildhauer Erwin Reiter, verheiratet. „Die verschiedenen Bereiche der Kunst sind wie ein melodiöses Schwingen, das mein Tun fortwährend inspiriert und prägt. Ich bin immer auf der Suche nach dem,

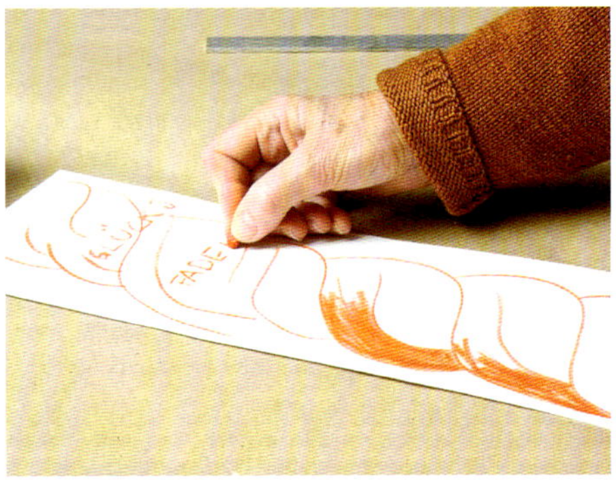

das es noch nicht gibt.", verrät die Wahl-Oberösterreicherin. Eine Suche, auf die sich die Absolventin der Akademie für Angewandte Kunst schon früh begeben hat, so stellte sie zum Beispiel bereits 1961 bei der Biennale in São Paulo einen gewebten Teppich in der Größe 1,20 x 1,70 Meter aus. „So eine Arbeit hat sich damals vor mir überhaupt noch keiner angetan", lacht Edda Seidl-Reiter. Ihr Markenzeichen sind die gedrehten Fäden. Wie ein ebensolcher Roter durchziehen sie ihr gesamtes Werk, das sich von Fotostickereien über die künstlerische Be- und Überarbeitung einer Brucknermesse, der Kreation von Schmuck und Messgewändern, dem Verweben von Objekten bis hin zu ihren bekannten Gobelins und Bildern spannt. Immer wieder thematisiert die international bekannte Künstlerin in ihren Werken den Kreuzweg. „Jeder Mensch steht im Laufe seines Lebens vor Kreuzungen, Knotenpunkten. Der Knoten kann als Sinnbild dienen, der Faden geht einen Umweg, schreitet plötzlich in neuer Gestalt hervor. So ist es auch mit dem Leben, das nach einer Kreuzung zu neuem Glück verwoben wird", philosophiert die Künstlerin. Ja, Edda Seidl-Reiter hat ein Talent dafür, Strukturen aufzuzeigen und Kraft zu geben. Ihr Weg des Mitteilens bleibt das Textile – und auch das Textliche, so zum Beispiel mit der Veröffentlichung ihres Buches „Alles ist Weben".

Logos mit Tradition

■ Im rasanten Tempo heben und senken sich die Kettfäden in den Greiferwebmaschinen. Ganze 23 Stück dieser technischen Wunderwerke füllen die Produktionshalle der „Weberei Rechberger". „Mithilfe unserer Webmaschinen sind wir in der Lage, Gewebe bis zu einer Breite von 240 Zentimetern mit Jacquard- oder Schaftmusterung zu weben", erklärt Michael Rechberger, der den 1850 gegründeten Familienbetrieb mittlerweile in der fünften Generation führt. Von Hightech war im 19. Jahrhundert freilich noch nichts zu spüren, ursprünglich war der Betrieb eine Leinwandhandlung mit Handweberei. Heute ermöglicht der Maschinenpark die rasche und effiziente Herstellung eines großen Spektrums von Geweben und die Verarbeitung sämtlicher Stapelfasern wie Baumwolle, Leinen, Wolle, Seide, Hanf, Viskose und viele mehr. „Unsere Gewebe können wir speziell nach den Wünschen unserer Kunden entwickeln. Das größte Augenmerk legen wir aber auf die Einwebung verschiedener Logos", verrät der Unternehmer. Wie das funktioniert zeigt Michael Rechberger am Computer: „Unsere CAD-Anlage ermöglicht es uns, Designs, Logos und Schriften aller Art unkompliziert in Bindungsprogramme umzusetzen. Diese werden anschließend auf die computergesteuerten Jacquardwebmaschinen übertragen und gewoben." Mit dem Prinzip des Jacquardwebens entsteht eine äußerst feine und formenreiche Musterung, mit der beinahe jedes Design in eine textile Fläche verwandelt werden kann. „Alle Kettfäden können einzeln gehoben oder gesenkt werden, wodurch das Webfach entsteht, durch das der sogenannte ‚Schuss' eingetragen wird", fasst Michael Rechberger den technischen Vorgang zusammen. Das Ergebnis spricht für sich: Wunderschöne Gewebe für Leintücher, Bettwäsche, Matratzenbezüge, Kleider- und Dekorationsstoffe mit unterschiedlichsten Designs.

Weberei Rechberger
Michael Rechberger

Linzerstraße 18-20
A-4170 Haslach a. d. Mühl

Telefon 00 43 (0) 72 89 / 7 15 33
www.rechberger-textil.at

Akustik und Malerei Fink^{2} 18

Ottendorf 27
A-5233 Pischelsdorf
Telefon 00 43 (0) 6 64 / 9 10 45 24
Telefax 00 43 (0) 6 62 / 2 34 66 13 86
fink@fink2.com
www.fink2.com

Antiquitäten und Restaurierungen 166

Günther Franz Obermayr
Brandstatt 13
A-4533 Piberbach
Telefon 00 43 (0) 72 28 / 82 04
restaurierungen@obermayr.co.at
www.obermayr.co.at

Atelier Rosenlechner – 152

Die Stammbaummaler
Großenschwandt 35
A-4882 Oberwang
Telefon 00 43 (0) 62 33 / 85 53
info@stammbaum-rosenlechner.at
www.stammbaum-rosenlechner.at

Bäckerei Café Konditorei Moser 74

Schaunbergstraße 2
A-4081 Hartkirchen
Telefon 00 43 (0) 72 73 / 63 71
baeckerei.moser@aon.at

Bäckerei Schiller 28

Linzerstraße 24
A-5280 Braunau am Inn
Telefon 00 43 (0) 77 22 / 6 31 77
Telefax 00 43 (0) 77 22 / 6 31 77
office@schillers.biz
www.baeckerei-schiller.at

Höfterstraße 29
A-5280 Braunau
Telefon 00 43 (0) 77 22 / 8 35 28

Linzerstraße 16
A-5280 Braunau am Inn
Telefon 00 43 (0) 77 22 / 6 31 86

Sparkassenstraße 8
A-5280 Braunau
Telefon 00 43 (0) 77 22 / 2 07 15

Bäckerei Stranziner 24

Dr.-Weinlechner-Platz 43
A-4950 Altheim
Telefon 00 43 (0) 77 23 / 4 23 97
Telefax 00 43 (0) 77 23 / 4 23 97-4
office@stranzinger-brot.at

Bäckerei-Cafe Wiesner 22

Kraxenberg 22
A-4932 Kirchheim
Telefon 00 43 (0) 77 55 / 65 09
wolfgangwiesner@gmx.at

Bildhauerei Langeder 198

Pilgram 18
A-4323 Münzbach
Telefon 00 43 (0) 72 64 / 43 70
bildhauerei.langeder@aon.at
members.aon.at/bildhauerei.langeder

BIO-Hofbäckerei „Mauracher" GmbH 182

Pogendorf 8
A-4152 Sarleinsbach
Telefon 00 43 (0) 72 83 / 84 66
office@mauracherhof.com
www.mauracherhof.com

Biohof Leitner 76

Oberweg 52
A-4844 Regau
Telefon 00 43 (0) 76 72 / 2 04 55
rudi.leitner@eduhi.at

Biokäserei St. Leonhard 184

St. Leonhard 8
A-4152 Sarleinsbach
Telefon 00 43 (0) 72 83 / 88 88
Telefax 00 43 (0) 72 83 / 88 88-10
office@biokaeserei.at
www.biokaeserei.at

Braugasthof Vitzthum
Privatbrauerei Vitzthum 26
Uttendorf 25
A-5261 Uttendorf
Telefon 00 43 (0) 77 24 / 25 08
privatbrauerei.vitzthum@gmx.at
www.uttendorf-bier.com
www.einhundert.be

Büchsenmacher Wertgarner 110
Maximilianstraße 4
A-4600 Wels
Telefon 00 43 (0) 72 42 / 4 56 50
Telefax 00 43 (0) 72 42 / 4 56 50
office@wertgarner.at
www.wertgarner.at

Café Konditorei Schörgi 186
Rathausgasse 2
A-4360 Grein
Telefon 00 43 (0) 72 68 / 3 50
geniessen@schoergi.at
www.schoergi.at

Condor Gürtel GmbH 78
Etrichstraße 12
A-4600 Wels
Telefon 00 43 (0) 72 42 / 61 33 40
Telefax 00 43 (0) 72 42 / 61 33 444
r.kraenzlein@condor-guertel.at

Das Blumenreich 120
Wolfganger Straße 28
A-4820 Bad Ischl/Pfandl
Telefon 00 43 (0) 61 32 / 2 56 62
Telefax 00 43 (0) 61 32 / 2 56 62
blumenreich@inode.at

Der Englische Laden –
Home und Garten 136
Mitterfeldweg 24
A-4866 Unterach am Attersee
Telefon 00 43 (0) 6 64 / 5 60 84 51
hausteinudo@gmail.com
www.der-englische-laden.at

Die Buschenschank 162
Daffingerstraße 35
A-4060 Leonding
Telefon 00 43 (0) 6 76 / 4 29 44 42
Telefax 00 43 (0) 7 32 / 6 75 49 04
office@buschenschank-leonding.at
www.buschenschank-leonding.at

Die Schneiderei 102
Stadlhofstraße 44
A-4600 Wels
Telefon 00 43 (0) 72 42 / 29 04 34
office@die-schneiderei.at
www.die-schneiderei.at

Dipplinger Ges. m. b. H. 30
Schulgasse 22
A-4950 Altheim
Telefon 00 43 (0) 77 23 / 4 24 48
office@dipplinger-installateur.at

Dirndlwerkstatt Ulli Salveter 132
HAND.WERK.HAUS Salzkammergut
Rudolf-von-Alt-Weg 6
A-4822 Bad Goisern
Telefon 00 43 (0) 6 99 / 11 48 50 33
salveter@dirndlwerkstatt.cc
www.dirndlwerkstatt.cc

Drechslerei Wimmer 66
Oberndorf 7
A-4793 St. Roman
Telefon 00 43 (0) 77 16 / 63 24
drechslerei.wimmer@aon.at

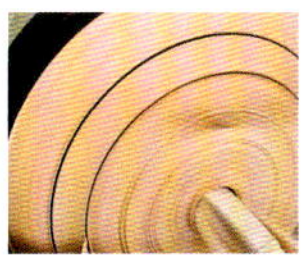

Mag. Edda Seidl-Reiter 208
Tiefe Gasse 5
A-4162 Julbach
Telefon 00 43 (0) 72 88 / 26 66
e.seidl-reiter@direkt.at

E. doppler & Co. GmbH 32
Schloßstraße 24
A-5280 Braunau-Ranshofen
Telefon 00 43 (0) 77 22 / 6 32 05-0
office@dopplerschirme.com
www.dopplerschirme.com

Fassaden Rossdorfer 34
Aichbergsiedlung 20
A-4775 Taufkirchen/Pram
Telefon 00 43 (0) 6 64 / 3 53 31 40
Telefax 00 43 (0) 77 19 / 85 31-4
rossdorfer@gmx.at
www.rossdorfer.at

Fotostudio Renate 38
Lerchenfeldgasse 10
A-5280 Braunau
Telefon 00 43 (0) 77 22 / 6 31 71
info@fotostudio-renate.com
www.fotostudio-renate.com

Frucht & Sinne
Schokoladenmanufaktur 122
Mühlberg 8
A-4890 Frankenmarkt
Telefon 00 43 (0) 76 84 / 2 02 38
Telefax 00 43 (0) 76 84 / 2 02 38-4
office@fruchtundsinne.at
www.fruchtundsinne.at

Galerie Kunst am Klimtplatz 124
Hauptplatz 4
A-4866 Unterach am Attersee
Telefon 00 43 (0) 6 64 / 5 60 35 50
moser_eva@gmx.at
www.kunst-am-klimtplatz.at

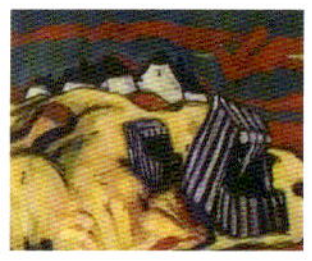

Gasthof & Schaufleischerei
Zalto-Höglinger 188
Kirchberg o. d. Donau 8
A-4131 Kirchberg
Telefon 00 43 (0) 72 82 / 40 03
Telefax 00 43 (0) 72 82 / 40 03-18
office@zalto-hoeglinger.at
www.zalto-hoeglinger.at

Glasdesign Meisterwerkstätte 194
Christian Baumgartner und Martina Schenk
Holzhäusln 13
A-4170 Haslach
Telefon 00 43 (0) 72 89 / 7 12 69
office@glasdesign-baumgartner.at
www.glasdesign-baumgartner.at

Glaswerkstätten Richter GmbH 80
Straß 9
A-4072 Alkoven
Telefon 00 43 (0) 72 74 / 7 73 50
office@glas-richter.at
www.glas-richter.at

Goldschmiede – Atelier Schodterer 150
Pfarrgasse 11
A-4820 Bad Ischl
Telefon 00 43 (0) 61 32 / 23 72 90
Mobil 00 43 (0) 6 64 / 3 57 50 04
office@schodterer.at
www.schodterer.at

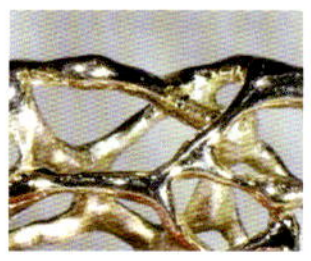

Graveur Manfred Bramberger 160
Zehetner 21
A-4594 Steinbach an der Steyr
Telefon 00 43 (0) 72 57 / 75 62
m.bramberger@speed.at

Gravuren und Zieselierungen an Jagdwaffen 164
Herbert Kronsteiner
Lumplgraben 75
A-4463 Großraming
Telefon 00 43 (0) 72 54 / 71 21
Telefax 00 43 (0) 72 54 / 2 00 83
kronsteiner@a1.net
www.graveur-kronsteiner.at

Gundacker Uhren und Schmuck 82
Pfarrgasse 2
A-4600 Wels
Telefon 00 43 (0) 72 42 / 6 64 85
Telefax 00 43 (0) 72 42 / 6 64 85
uhren_juwelen_gundacker@utanet.at

HAARHANDWERK 88
Toiflweg 27
A-4600 Wels
Telefon 00 43 (0) 72 42 / 5 40 69
info@haarhandwerk.at
www.haarhandwerk.at

Hafnermeister Josef Zistler 98
Klosterstraße 4
A-4730 Waizenkirchen
Telefon 00 43 (0) 72 77 / 22 39
office@zistler.co.at
www.zistler.co.at

HAND.WERK.HAUS 126
Schloss Neuwildenstein
Rudolf-von-Alt-Weg 6
A-4822 Bad Goisern
Telefon 00 43 (0) 61 35 / 5 08 00
office@handwerkhaus.at
www.handwerkhaus.at

MIT UNTERSTÜTZUNG VON BUND, LAND UND EUROPÄISCHER UNION

Es stellen u. a. aus:

Der Tischler
Johannes Stockinger
Gschwandt 107
A-4822 Bad Goisern
Telefon 00 43 (0) 61 35 / 5 08 22
office@faszinationholz.com
www.faszinationholz.com

Dostal – Die Uhrmacher
Barbara und Florian Dostal
Wildenhag 40
Telefon 00 43 (0) 76 67 / 2 00 98
Telefax 00 43 (0) 76 67 / 2 00 98
A-4880 St. Georgen am Attersee
dostal@die-uhrmacher.at
www.die-uhrmacher.at

Franz Bittner GesmbH & Co KG
Franz Bittner
Schutzenbichl 15
A-4820 Bad Ischl
Telefon 00 43 (0) 61 32 / 2 33 67
Telefax 00 43 (0) 61 32 / 2 33 67-25
office@bittner.co.at
www.bittner.co.at

Goisern Optik
Manfred Pamminger KG
Rudolf-von-Alt-Weg 6
A-4822 Bad Goisern
Telefon 00 43 (0) 61 35 / 82 73
Telefax 00 43 (0) 61 35 / 82 73
info@goisern-optik.at
www.goisern-optik.at

Goldschmiede Trucker
Herbert Trucker
Ischler Straße 3
A-4853 Weißenbach am Attersee
Telefon 00 43 (0) 76 63 / 2 34
Telefax 00 43 (0) 76 63 / 2 34
info@goldschmiede.cc
www.goldschmiede.cc

Maßschneider Haselnus
Herren- und Damenausstatter
Georg und René Haselnus
Puchen 57
A-8992 Altaussee
Telefon 00 43 (0) 36 22 / 7 12 52
Telefax 00 43 (0) 36 22 / 7 12 52-4
haselnus@meisterstrasse.at
www.haselnus.at

Rothschädl GesmbH & Co KG
Elisabeth Putz
Rudolf-von-Alt-Weg 17
A-4822 Bad Goisern
Telefon 00 43 (0) 61 35 / 83 91
Telefax 00 43 (0) 61 35 / 83 91-20
verkauf@rothschaedl.net
www.rothschaedl.net

Tischlerei Gassner KG
Albert Gassner
Mitterweißenbach 22
A-4820 Bad Ischl
Telefon 00 43 (0) 61 32 / 2 44 01
Telefax 00 43 (0) 61 32 / 2 44 01-19
gassner@meisterstrasse.at
www.meisterstrasse.eu/gassner

Hausruckmili 90
Hauptschulstraße 15
A-4902 Wolfsegg am Hausruck
Telefon 00 43 (0) 76 76 / 72 20
Telefax 00 43 (0) 76 76 / 2 07 89
info@bauernhofeis.at
www.bauernhofeis.at

Hemdenmacher Valentin 64
Passauer Straße 70
A-4786 Brunnenthal/Schärding
Telefon 00 43 (0) 77 12 / 46 11-0
Telefax 00 43 (0) 77 12 / 46 11-55
gudrun.valentin@hemdenmacher.at
www.hemdenmacher.at

Imkerei Qualitätsbetrieb 92
Adolf Madlmair und Erwin Reiter
Schwarzmoos 2
A-4851 Gampern
Telefon 00 43 (0) 76 82 / 73 64
fam.madlmair@aon.at
www.imkerei-madlmair.jimdo.com

Keramik Hallstatt 138
Gschwandtner OG
Seelände 54
A-4830 Hallstatt
Telefon 00 43 (0) 61 34 / 82 19
Telefax 00 43 (0) 61 34 / 87 81
keramikhallstatt@aon.at
www.keramikhallstatt.com

Kieslinger GmbH 42
Wohnmanufaktur seit 1977
Grubstraße 6
A-4771 Sigharting
Telefon 00 43 (0) 77 66 / 31 87
Telefax 00 43 (0) 77 66 / 31 87-15
info@kieslinger.at
www.kieslinger.at

Kletzl Waagen GmbH 94
Schörflinger Straße 14
A-4844 Regau
Telefon 00 43 (0) 76 72 / 2 34 04
info@kletzl-waagen.at
www.kletzl-waagen.at

Kranz Tischlerei GmbH & Co KG 96
Johann-Pabst-Straße 3
A-4690 Schwanenstadt
Telefon 00 43 (0) 76 73 / 23 23-0
Telefax 00 43 (0) 76 73 / 23 23-18
office@kastenfenster.at
www.kastenfenster.at

Kunstschmiede Etzl 44
Einburg 11
A-4760 Raab
Telefon 00 43 (0) 77 62 / 35 58
etzl.schmiede@aon.at

Kunstschmiede Oberwanger 142
Amboss-Straße 2
A-4852 Weyregg am Attersee
Telefon 00 43 (0) 76 64 / 22 48-0
Telefax 00 43 (0) 76 64 / 22 48-9
oberwanger.weyregg@aon.at
www.kunstschmiede-oberwanger.at

KUNSTSCHMIEDE OBERWANGER
WEYREGG AM ATTERSEE

Leinenweberei Vieböck GmbH 200
Leonfeldnerstraße 26
A-4184 Helfenberg
Telefon 00 43 (0) 72 16 / 62 15
Telefax 00 43 (0) 72 16 / 40 46
office@vieboeck.at
www.vieboeck.at

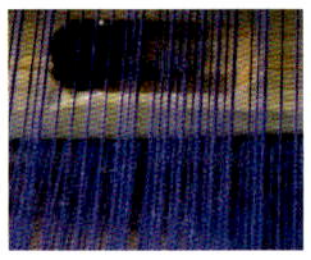

Malerei Blindeneder 46
Claudistraße 4c
A-4910 Ried im Innkreis
Telefon 00 43 (0) 77 52 / 7 19 14-20
Telefax 00 43 (0) 77 52 / 7 19 14-12
blindeneder@aon.at
www.malerei-blindeneder.at

Metall Kunst Handwerk Forster 48
Talstraße 47
A-5280 Braunau
Telefon 00 43 (0) 77 22 / 6 83 66
forster@metall-kunst.at
www.metall-kunst.at

Mittelalterschmiede 168
Johann und Georg Schmidberger
Schmiedstraße 17
A-4591 Molln
Telefon 00 43 (0) 75 84 / 30 73
office@schmiede-schmidberger.at
www.schmiede-schmidberger.at

Modeatelier Linöcker 52
Mitterweg 18
A-5230 Mattighofen
Telefon 00 43 (0) 77 42 / 22 96
schneiderei@linoecker.at
www.linoecker.at

Möbelrestaurator – Vergolder – Bildhauer – Fachwerkstätte 134
Lindaustraße 28
A-4820 Bad Ischl
Telefon 00 43 (0) 61 32 / 2 59 20
Telefax 00 43 (0) 61 32 / 2 59 20
johanundmaria@aon.at

MTF – Metallwerkstätte 54
Aham 15
A-4962 Mining
Telefon 00 43 (0) 77 23 / 2 10 97
Telefax 00 43 (0) 77 23 / 2 13 60
info@metall-furtner.at
www.metall-furtner.at

Mühlviertler Ölmühle 202
Stablmühle 1
A-4170 Haslach a. d. Mühl
Telefon 00 43 (0) 72 89 / 7 12 16
info@oelmuehle-haslach.at
www.oelmuehle-haslach.at

Naturmuseum – Naturdesign Salzkammergut 148
Langwieserstraße 111
A-4802 Ebensee
Telefon 00 43 (0) 61 33 / 32 18
Telefax 00 43 (0) 61 33 / 32 18-4
salzkammergut@naturmuseum.at
www.naturmuseum.at
www.naturdesign.at

Orthopädie-Schuhtechnik 190
Peter Führlinger
Waxenberger Straße 1
A-4181 Oberneukirchen
Telefon 00 43 (0) 72 12 / 74 81
Telefon 00 43 (0) 72 12 / 74 81-4
ortho@fuehrlinger.at
www.fuehrlinger.at

Orthopädie-Schuhtechnik Führlinger
Etrichstraße 17
A-4240 Freistadt
Telefon 00 43 (0) 79 42 / 7 51 21

P. Böckl Ofenbau und Fliesen 144
Doblergasse 20
A-4880 St. Georgen im Attergau
Telefon 00 43 (0) 76 67 / 6 34 40
Telefax 00 43 (0) 76 67 / 6 34 44
office@boeckl.co.at
www.boeckl.co.at

Pelz und Leder – Kürschnermeister 172
Reinhard Tagwerker
Stadtplatz 11
A-4060 Leonding
Telefon 00 43 (0) 7 32 / 67 41 75
r.tagwerker@a1.net

Planen Meisel 146
Wiesenstraße 28
A-4812 Pinsdorf
Telefon 00 43 (0) 76 12 / 6 20 61
Telefax 00 43 (0) 76 12 / 6 20 61-20
office@planen-meisel.at
www.planen-meisel.at

Planen Meisel Filiale Wels
Werndlstraße 5
A-4600 Wels

Rosenschule Hauer 56
Marktstraße 143
A-4760 Raab
Telefon 00 43 (0) 77 62 / 22 26
rosen.hauer@aon.at

Sattlerei Niedersüß GmbH 196
Stadtplatz 20
A-4150 Rohrbach
Telefon 00 43 (0) 72 89 / 42 28-0
Telefax 00 43 (0) 72 89 / 42 28-23
office@kn.sattlerei.at
www.k-n.at

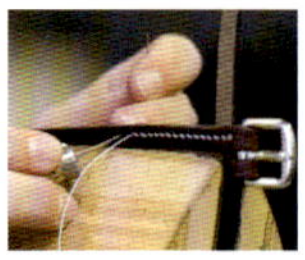

Sauwalderdäpfel KG 62
Grübl 5
A-4725 St. Aegidi
Telefon 00 43 (0) 77 17 / 80 00
Telefax 00 43 (0) 77 17 / 78 20
eduard.paminger@sauwald.at
www.sauwalderdaepfel.at

Sawi Gartengestaltung 104
Katzbacherstraße 13
A-4631 Krenglbach
Telefon 00 43 (0) 72 42 / 2 64 45
info@sawi.at
www.sawi.at

Schälmühle Nestelberger 204
Naarnstalstraße 9
A-4320 Perg
Telefon 00 43 (0) 72 62 / 5 43 48
nestelberger@bionaturprodukte.at
www.bionaturprodukte.at

Schuhe nach Maß Steflitsch-Hackl 130
Orth. Schuhe – alle Kassen
Untere Marktstraße 38
A-4822 Bad Goisern
Telefon 00 43 (0) 61 35 / 82 27
Telefax 00 43 (0) 61 35 / 82 27
office@goiserer.at
www.goiserer.at

Strasser Natur.Bauern.Hof. 106
Egg 3
A-4871 Frankenburg
Telefon 00 43 (0) 76 83 / 86 23
Telefax 00 43 (0) 76 83 / 86 23-4
strasser@naturbauernhof.at
www.naturbauernhof.at

The Art in Stone 206
Karl Schneeberger GesmbH & CoKG
Ameisbergstraße 9
A-4134 Putzleinsdorf
Telefon 00 43 (0) 72 86 / 82 86
Telefax 00 43 (0) 72 86 / 82 86-8
karl@inno-vation.com
www.theartinstone.com

Schneeberger
the Art in Stone

Tischlerei Greinecker 108
Gstocket 4
A-4701 Bad Schallerbach
Telefon 00 43 (0) 72 49 / 4 83 68-0
office@tischlerei-greinecker.at
www.tischlerei-greinecker.at

TonArt 170
Bad Hallerstraße 46
A-4595 Waldneukirchen
Telefon 00 43 (0) 72 58 / 31 71
Telefax 00 43 (0) 72 58 / 35 06
office@keramik-atelier.at
www.keramik-atelier.at

Trachten- und Lederschneiderei Hohensinn 40
Pramet 31
A-4925 Pramet
Telefon 00 43 (0) 77 54 / 82 54
Telefax 00 43 (0) 77 54 / 82 54-4
office@hohensinn.com
www.hohensinn.com

Vergoldemeister Helmut Krump 86
Kimpling 26
A-4720 Neumarkt
Telefon 00 43 (0) 77 33 / 80 77
krump.helmut@aon.at

Wachter Bau- und Kunstschlosserei GmbH 154
Steinleiten 37
A-4890 Frankenmarkt
Telefon 00 43 (0) 76 84 / 63 54
Telefax 00 43 (0) 76 84 / 63 54-4
wachter-metall@tvweb.at
www.wachter-metall.at

Weberei Rechberger 210
Linzerstraße 18-20
A-4170 Haslach a. d. Mühl
Telefon 00 43 (0) 72 89 / 7 15 33
office@rechberger-textil.at
www.rechberger-textil.at

Wiesner Kochkäse 112
Gewerbepark 1
A-4707 Schlüsslberg
Telefon 00 43 (0) 72 48 / 62 74 6-0
Telefax 00 43 (0) 72 48 / 62 74 6-18
office@wiesner.at
www.wiesner.at

Wimmer-Bades Maultrommel 174
Im Sperrboden 1
A-4591 Molln
Telefon 00 43 (0) 75 84 / 28 31
Telefax 00 43 (0) 77 55 / 3 96 11
wimmer-bades@maultrommel.at
www.maultrommel.at

Witzmann Mühle GmbH 58
Dötting 6
A-5252 Aspach
Telefon 00 43 (0) 77 55 / 73 52
Telefax 00 43 (0) 77 55 / 73 52-4
info@witzmann-muehle.com
www.witzmann-muehle.com

Wohnwerkstatt Maier 114
Breitenschützing 18
A-4691 Schlatt
Telefon 00 43 (0) 76 73 / 48 38
Telefax 00 43 (0) 76 73 / 48 38-30
office@wohnwerkstatt-maier.at
www.wohnwerkstatt-maier.at

Zillenbau Witti 68
Freizell 4
A-4085 Wesenufer
Telefon 00 43 (0) 72 85 / 63 90
info@witti.co.at
www.witti.co.at

Besondere Adressen für Sie entdeckt ...

ISBN 978-3-86528-395-5
24,1 cm x 27,6 cm

ISBN 978-3-86528-462-4
24,1 cm x 27,6 cm

ISBN 978-3-86528-469-3
24,1 cm x 27,6 cm

ISBN 978-3-86528-446-4
24,1 cm x 27,6 cm

ISBN 978-3-86528-470-9
24,1 cm x 27,6 cm

ISBN 978-3-86528-453-2
24,1 cm x 27,6 cm

ISBN 978-3-86528-452-5
24,1 cm x 27,6 cm

ISBN 978-3-86528-436-5
24,1 cm x 27,6 cm

ISBN 978-3-86528-454-9
24,1 cm x 30,6 cm

ISBN 978-3-86528-440-2
24,1 cm x 30,6 cm

ISBN 978-3-86528-463-1
24,1 cm x 30,6 cm

ISBN 978-3-86528-419-8
24,1 cm x 30,6 cm

Neu in unserem Programm

ISBN 978-3-86528-378-8
24,1 cm x 30,6 cm

ISBN 978-3-86528-442-6
24,1 cm x 30,6 cm

TRENDS UND LIFESTYLE

(Buchformat: 24,1 x 27,6 cm)

TRENDS UND LIFESTYLE
HANNOVER, HILDESHEIM UND UMGEBUNG
Christine Schroeder, Bettina Schaefer,
Christian Homann
160 Seiten, Hardcover
ISBN: 978-3-86528-391-7

Eine kulinarische Entdeckungsreise

(Buchformat: 24,1 x 30,6 cm)

Eine kulinarische Entdeckungsreise
durch das Tiroler Unterland
Cornelia Haller, Brigitte Frank
232 Seiten, Hardcover
ISBN: 978-3-86528-473-0

HOCHZEIT & EVENTS

(Buchformat: 24,1 x 30,6 cm)

HOCHZEIT & EVENTS
Rhein-Main-Neckar
Bianca Doriat, Johann Scheiber
128 Seiten, Hardcover
ISBN: 978-3-86528-451-8

besteshandwerk

(Buchformat: 24,1 x 30,6 cm)

HANDWERK | DESIGN | KUNST | TRADITION
ESSEN UND UMGEBUNG
Christel Trimborn, Gabriele Bender
192 Seiten, Hardcover
ISBN: 978-3-86528-478-5

HANDWERK | DESIGN | KUNST | TRADITION
WIEN
Sabine Knoll, Xenia Bluhm
160 Seiten, Hardcover
ISBN: 978-3-86528-468-6

HANDWERK | DESIGN | KUNST | TRADITION
OBERÖSTERREICH
Nina Neuhold, Petra Schmidt, Marcus Kaar
224 Seiten, Hardcover
ISBN: 978-3-86528-475-4

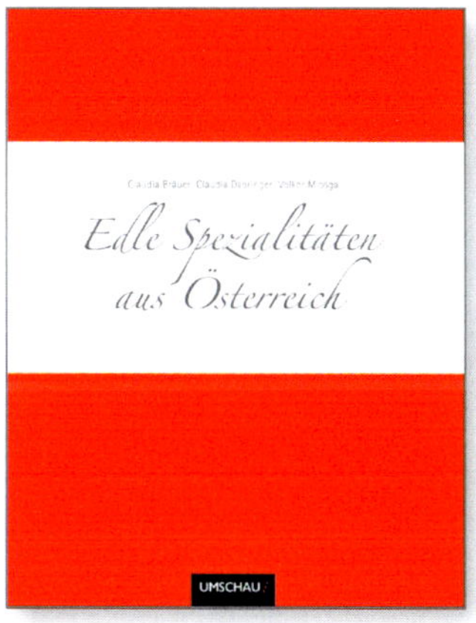

ISBN 978-3-86528-444-0
24,1 cm x 30,6 cm

ISBN 978-3-86528-441-9
24,1 cm x 30,6 cm

Alle Titel erhalten Sie bei Ihrer örtlichen Buchhandlung.
Für weitere Informationen über unsere Reihen wenden Sie sich direkt an den Verlag:

UMSCHAU

Neuer Umschau Buchverlag
Theodor-Körner-Straße 7
D-67433 Neustadt/Weinstraße
Telefon: + 49 (0) 63 21/877-852
Telefax: + 49 (0) 63 21/877-866
E-mail: info@umschau-buchverlag.de
www.umschau-buchverlag.de

Impressum

Texte
Nina Neuhold, Leoben

Fotografie
Petra Schmidt, diefotografin.at, Wien
www.diefotografin.at
Marcus Kaar, Wien

Recherche
Gottfried Hirtenlehner, Gmunden

Lektorat
Stefanie Simon, Neustadt an der Weinstraße
Katrin Stickel, Neustadt an der Weinstraße

Herstellung
Heike Burkhart, Neustadt an der Weinstraße
Melanie Göhler, Neustadt an der Weinstraße

Gestaltung und Satz
Melanie Göhler, Neustadt an der Weinstraße

Reproduktionen
Peter Blaschke, BLASCHKE VISION, Freigericht

Karte
Thorsten Trantow, Kenzingen
www.trantow-atelier.de

Druck und Verarbeitung
NINO Druck GmbH, Neustadt an der Weinstraße
www.ninodruck.de

Printed in Germany
ISBN: 978-3-86528-475-4

Besuchen Sie uns im Internet
www.umschau-buchverlag.de

Titelfotografie
Petra Schmidt, www.diefotografin.at
Marcus Kaar

Wir bedanken uns für die uns freundlicherweise zur Verfügung gestellten Fotos bei: Fotolia.de – ©ingwio (S. 9), Galerie Kunst am Klimtplatz (S. 125 oben), HAND.WERK.HAUS (S. 126 oben), Goisern Optik – Manfred Pamminger KG (S.126 links oben), Der Tischler – Johannes Stockinger (S. 129 unten links), Dostal – Die Uhrmacher (S. 129 unten Mitte), Kunstschmiede Oberwanger – Kurt Oberwanger (S. 143 unten links bis rechts), Goldschmiede – Atelier Schodterer (S. 150 unten links & rechts, S. 151), Atelier Rosenlechner (S. 152), Tourismusverband Steyr (S. 156 links oben / R. Hochhauser, S. 156 links unten, S. 158 links unten), Fotolia.de – ©Elvira Schäfer (S. 192 / 193).